Catcher

一如《麥田捕手》的主角，
我們站在危險的崖邊，
抓住每一個跑向懸崖的孩子。
Catcher，是對孩子的一生守護。

琴鍵上的教養課

獅子老師 著

獻給親愛的爸爸、媽媽和妹妹

推薦序一

感人的散文．動人的經驗

林良（兒童文學作家）

一位好老師，不但要能夠教好他所教的一門功課，同時還要能夠帶好他所教的一班學生。

本書作者王意青女士，台南人，六歲開始學琴。在求學過程中，曾經因為數理成績落後，幾乎被學校視為「棄材」，但是靠著父母的包容扶植，加上自己的奮發向上，醜小鴨長成天鵝，棄材終究成為「人才」。她五專畢業後，單身赴美求學，在北德州大學修完鋼琴演奏學士課程、德州休士頓大學修完鋼琴演奏碩士課程。畢業後，在美國一所學院擔任兼任鋼琴教授，並且在家開設鋼琴教室，教授幼童鋼琴。豐富的演奏經驗使她成為稱職的鋼琴老師，對於「樂理」的教學，她也有自己的創意。她把枯燥乏味的樂理，隨機融入學生彈奏的曲子，不著痕跡的讓學生自然領會，學習起來一點不費力。

她最為人稱道的成就，是她主動把「老師」的職責加以擴大。她認為鋼琴老師的職責不只是教學生彈鋼琴，同時還應該把跟她學琴的孩子帶好。她認為使她的學生成為有品德的孩子，而且能夠快樂的學習，是她應有的責任。這樣的體認，這樣的實踐，使她連得兩次全美國藝術教育最佳啓蒙老師獎。

跟她學琴的孩子很多，個個來自不同的家庭，個個都有不同的過去。她跟這些孩子同歌同行，有時候也會為這些孩子落淚。她忘不了跟這些孩子結緣的經過，也忘不了怎樣跟他們依依不捨的分手。因為不捨，所以懷念；因為懷念，就用文字為他們寫畫像，記往事。

這本書，包含作者為她的孩子們所寫的三十多篇散文，篇篇言之有物，真情流露。從文學的觀點來看，這是一本感人的散文集。從教育的角度看，這是一本好老師的手記，敘說的是她怎樣「帶孩子」的動人經驗。

如果天下的家長都像這位老師一樣，孩子怎麼會變壞！

推薦序二

教育是感動的過程

張中元（前利嘉國小校長）

讀完《琴鍵上的教養課》的稿本，深受感動。每篇故事就像珍珠般散發出溫潤的光澤，一顆珍珠一個故事，串成一首柔柔、溫溫的優雅詩篇，讓人感受到獅子老師暖暖的教育愛。這本書是獅子老師指導學生學琴的教學日誌，從老師、學生、家長的互動過程中，提供了許多學琴的觀念、態度與方法。這本書不只是在「談琴」，更是在「談情」——談孩子的感情教育、藝術教育。

福祿貝爾說：「教育無他，愛與榜樣」。獅子老師平日對學生的關懷與鼓勵，讓在被關懷中成長的孩子學會感恩，懂得關懷別人。當學生得知老師的妹妹生病時，十歲的強尼會禱告：請上帝保佑獅子老師的妹妹；凱蒂將她平日得到最大安慰的聖經的經文，抄下來送給老師，希望她能得到一些慰藉；蘇菲亞淚流滿面，閉緊了嘴，不哭出聲音，唱自己創作的歌曲《Joy》給獅子老師的妹妹聽，撫慰她在病房中低落的情緒……教育就是這麼的溫馨與美好。

教育的過程是給孩子溫暖和機會。獅子老師對學生真誠的關懷、鼓勵，讓孩子倍感溫暖。她在告誡學生前會說：「你必須知道，我是愛你的，才會告訴你這些話，因為我希望你更好。」每次學生的演奏會，她總是站在孩子看得到她的地方，支持孩子、給孩子信心。當哈瑞、荷頓彈錯了，心慌得不知所措，她說：「沒關係，我們等一下再試。」當哈瑞、荷頓有了機會重新演奏，完成演出後，大家報以熱烈的掌聲。此時，獅子老師的眼眶微溼了！孩子跌倒了，鼓勵她站起來，因為站起來之後，可以走得更穩！給孩子機會，不要澆熄他們的學習熱情！

我在利嘉國小服務期間，週三上午第一節課全校師生到視聽教室，一週聽古典音樂、隔週安排名畫導覽。由學校老師介紹音樂家、畫家的故事，樂曲與名畫賞析。每年在梅花盛開的季節裡，學校邀請國內外知名音樂家蒞校演出。我們的孩子雖然沒有足夠的經濟能力到校外上才藝課程，但透過學校安排的藝術欣賞課程，培養孩子對音樂、美術的喜好。有人問我，為何學校這麼用心的在推展藝術教育？我認為我們並未期待孩子們將來會成為音樂家或畫家，我們只是想教他們懂得欣賞藝術，並且讓藝術成為生活的一部分。

或許，有一天，我開著車子去郊遊時，看到砌牆的水泥工或種田的農夫，一邊工作一邊聽古典音樂時，我會想：他是不是利嘉國小畢業的學生呢？有一天，擔任古典音樂欣賞的張儷馨老師告訴我：「前幾天，有一位家長告訴我，他帶孩子到大賣場購物時，孩子竟然要求要買《貝多芬第九號交響曲》的CD。家長非常訝異！因為這是他們家第一次購買古典音樂的CD。」教育就是這樣神奇美妙，一點一滴，潛移默化的在影響孩子。

學琴的目的是什麼？家長希望孩子學到什麼？老師希望給孩子什麼？獅子老師指導彈琴的技巧，重視學琴的態度。她認為學琴不能勉強，要讓孩子享受學琴的樂趣與成就，希望學生以後想起和她學琴的日子，是快樂的，是充滿笑聲的。你的孩子是否如此享受學琴的樂趣與成就？

「教育是感動的過程」。我對教育一直抱持著浪漫的情懷。教育要有情、有淚，要能讓孩子感動的掉下幾滴溫暖的眼淚，那才是有「人情味」的教育。獅子老師就是一位讓孩子感動而想學得更好的老師。

前言

媽媽的摩托車

下午兩點五十八分，我看看時鐘，泡個茶。我心裡倒數五四三二一，果然學校的黃色bus準時開過我家門前，在stop sign前緊急煞車，吱——。車門打開，小朋友一一下車。

我看到艾克了！他和朋友揮揮手，快跑到巷口，然後飛奔到我家的後院，再經過鄰居的花園，小狗追著他汪汪大叫。艾克躲開小狗，繼續跑，然後，跑進我的琴房。砰！門被打開。三點整！我覺得好笑。艾克每個禮拜三來上課，一定都用跑的，而那隻小狗也以同樣的熱情回報他。小狗應該也認識他了？接著，艾克開始叮叮咚咚彈貝多芬。自從我給了他貝多芬的曲子，他好喜歡。

「嗨，艾克。」

「嗨，老師。」

「你今天過得好嗎？」

「很好啊。那小狗越追越快耶。」他說。

我說：「你為什麼不走大門？你走小巷子，牠一定追你。」

艾克用屬於調皮男孩的那種笑容說：「那就不好玩啦。」

我就知道。

「貝多芬練得如何？」我把譜拿過來問他。

「不錯，但發展部好難喔。」

「對啊。你有沒有分析和弦？」我問。

「有。不過，老師，我今天在bus上還在想，你好久沒有說那個故事了。」

我愣了一下，「什麼故事？」

「你知道的，就是你媽媽和摩托車的故事。」

我笑了。「你都聽那麼多次了。」

我每次在他們的鋼琴演奏會上最後都會也彈一首，然後小小演講一番。演講的內容不外是鼓勵他們，再接再厲；要感謝父母，感恩所有的一切。

艾克從十歲和我學彈琴，現在十五歲了，他也聽了很多次。

「很久沒聽了。Please……」他說。

「好吧。」我把譜放下。

我六歲開始學琴，家裡那時候沒有琴，經濟能力也不允許買琴。媽媽便問鋼琴老師可不可以讓我在她家練琴。

老師很好心，把她吃晚飯的時間挪出來，給我練琴。老師家住在東門教會附近，而我家在仁和路，一趟路也要二、三十分，媽媽每天不辭辛勞地載我去老師家練琴。媽媽騎的是小機車，英文應該是moped。我演講的時候，講motorcycle，還被以為媽媽騎的是哈雷的重型機車。

媽媽是小學老師，白天上課完，還得這樣風雨無阻的帶我去練琴。我大部分的時候都很乖，當然也有不乖的時候。因為要去練琴的時間都剛好排在卡通《小蜜蜂》的時間，媽媽必須費一番功夫把我從電視前拉開。可憐的小蜜蜂找媽媽，找得好辛苦。我去練琴，心裡都一直掛念著小蜜蜂，不知道會不會在我練琴時找到了媽媽？

媽媽也會彈鋼琴，練一練，累了，我會央求她彈琴給我聽。她會彈超級難的《銀波》和《甜蜜變奏曲》。（每當有小朋友在練這些曲子，我就會想到媽媽。）她兩手八度琶音，上上下下的在鋼琴上飛奔，好厲害。我小小心靈立志要好好練琴，然後也彈這些很酷的曲子。練完琴，媽媽也會犒賞我，帶我去吃小吃。回家的路上，我記得都好遠，騎好久都還沒有到家。坐在媽媽的身後，看夜空，一輪明月正跟著我們呢。我閉上眼，再睜開眼，月亮還在，還是跟著我們。媽媽都會摸摸我的手說：「快到家了，不要睡著了喔。」

就這樣往返練琴，風雨無阻；我還彈了第一場鋼琴演奏會，兩年過去了。一天，媽媽說今天不用去老師家練琴。我想媽媽是不是要偷懶。結果，那天下午我放學回家，一打開門，看到一台直立式的黑色鋼琴，不可一世地坐落在客廳。我沒有像美國小朋友興奮地尖叫，手舞足蹈，我只是很敬畏地摸摸它。我記得我心跳得很厲害。我也有鋼琴了。

艾克聽得津津有味。

我說：「所以你看，你多幸運！家裡已經有鋼琴，你也不用大老遠跑去練琴。」他說：「你才幸運！媽媽騎摩托車載你！我好希望我媽媽也是騎摩托車來載我，那就太酷了！」我們大笑。

「來，開始了。Let's go back to Beethoven.」我說。

他的臉變得很認真，開始彈起貝多芬。

謝謝媽媽。

註：爸爸那時在美國讀書，所以媽媽那兩年「母代父職」很辛苦。知道媽媽每天這樣載我去練琴，他很擔心，怕我們出車禍。寫信告訴媽媽一定要戴安全帽。媽媽買了最好的給我，很重。我還記得那是一頂金色的安全帽。

爸爸很驚訝我還記得顏色。我說有圖為證。

有一張照片，就是我戴那頂金色的安全帽，站在媽媽的摩托車旁邊照的，摩托車的前袋還放著我的琴譜。我還很調皮地擺了個pose呢。

媽媽在照片下方寫著：「練琴去！」我真是個幸福的小孩！

目錄

五秒

每天，我要你從這個演奏廳走過，有時間的話，走上台，來坐在這鋼琴凳子上。面對你的過去，面對你的恐懼。你可以害怕，但不要讓你的恐懼擴大、倍增。

今天收到教務處的通知，要我去簽學生的畢業證書。我看，是珍妮。珍妮也要畢業了，還拿到榮譽畢業生的大獎，真是為她高興。

珍妮第一次來上課，因為她是第一次修個別課，所以我便向她解釋期末考試的方式。我大概有二十二位個別課的學生，期末就舉行一個小型的演奏會，當期末考。我才開始說明考試的曲目和其他的注意事項，就發現她的眼睛紅紅的。我問她怎麼了，她說她可不可以不要彈演奏會。

我問她為什麼，她幽幽的說起小時候悲慘的回憶。

小時候，珍妮很愛彈琴。一次學生演奏會上，她在台上忘譜，越彈越錯，越急越記不得。後來，小小珍妮就從台上跑走了，留下台下老師和家長及觀眾愣在那裡。

珍妮說著，眼淚就流下來了。我遞給她面紙，讓她擦眼淚。小時候的創傷，顯然還在，而且還影響她很深。

我說：「好，我們來談談這個問題。第一，你怕什麼？」

她說：「我怕忘譜，在台上出糗，考不好。」

我說：「好，這簡單，這交給我。我會協助你背譜，我們可以早一點選曲子，早一點背好。而且**即使你沒有彈好的話，我並不以那最後五分鐘的演出，決定你的成績。你只要整個學期認真，成績不用擔心**。還有呢？」

她說：「我怕上台。」我要她跟我來。

我帶她到我們的演奏廳，把燈打開。整個兩百個座位的演奏廳呈現在我們眼

•play•play music?•
面對你的過去，
面對你的恐懼。
你可以害怕，
但不要讓你的
恐懼擴大、倍增。

前，一台演奏型的史坦威鋼琴靜靜地站在角落。

我帶珍妮走上台，我說：「你現在緊張嗎？」

她笑說：「不，不緊張，因為我不彈琴。」

我說：「來，我們坐在鋼琴凳子上。」我說：「我要你做這個練習，這是你的功課之一。每天，我要你從這個演奏廳走過，有時間的話，走上台，來坐在這鋼琴凳子上。面對你的過去，面對你的恐懼。你可以害怕，但不要讓你的恐懼擴大、倍增。當你發現一想到要上台，開始害怕的時候，我要你去面對你的恐懼。然後，我要你把它縮小。每天走過這演奏廳，你會越來越不害怕。然後，你的恐懼會越來越小。每次你來上課，我們可以來這裡彈一首曲子。到了要考試的時候，你根本就不會怕了。相信我。」

珍妮若有所思的，看著我，看著鋼琴。她點點頭。

後來，珍妮來上課，都彈得很好。我問她有沒有每天走過演奏廳。她說，演奏廳看來不那麼可怕了。

我們害怕的其實是恐懼本身。我很喜歡的一個電視秀，叫《LOST》。第一集裡

有一個片段我非常喜歡。

身為外科醫生的Jack要Kate幫他縫傷口。Kate很害怕縫不好，把傷口弄壞。Jack跟她說了一個〈五秒〉的故事。當他第一次開刀，他很有信心，開刀快完時，他不小心切到一條神經，他嚇壞了！整個人愣在那裡！

他想，怎麼辦，怎麼辦？他的病人可能就這樣失去生命。他害怕極了。

然後他告訴自己：「好，我要讓我自己害怕，完完全全地害怕——只有五秒的時間。在這五秒內我可以害怕，但就只五秒。」他就開始數：一、二、三、四、五。

時間到，他回到手術台，把恐懼拋開，專心地縫好那條神經。那個病患後來復原得很好。

雖然這只是個電視劇的故事，但是當他在數一、二、三、四、五時，不知道為什麼，我被深深地感動了。

我們可以害怕，但別讓恐懼控制我們。我們要控制它！給它五秒的時間。就五秒！

鋼琴會考的演奏會，台上有四位老師，珍妮走出來，向我們敬禮。坐在鋼琴凳子前，珍妮微笑的彈起她的曲子。大家專心的聽她彈，我更是非常的以她為榮。

她從一個害怕到流眼淚的學生，到微笑彈琴。我知道這條路有多難走，傷心的回憶有多痛。我也知道，鋼琴可以重新再回到她身邊了！

我的黑馬王子

你要是無法欣賞別人的彈奏，只覺得自己是最棒的，那麼，你將無法繼續學習。

「我捨不得你，孩子也捨不得你……」華媽媽哭著抱住我，我抱住她也哭了。

「我們捨不得你啊！」她抽噎地說。

我想說什麼，但一張口，眼淚就流下了，只有把她抱得更緊。

四年了。啊，這麼快。我記得華特來上課的第一天，六年級的他，瘦小的身影、一臉好奇。華媽媽帶他來，告訴我她也會彈琴，所以有教過他一些。他們一直等到他這麼大才讓他正式學鋼琴，因為華特不久前告訴他們，他準備好了，可以找老師了。我倒是第一次聽到這樣有意思的「學琴宣言」。

我先給華特一本基礎的教材，大概講解了一些指法和樂理，他就開始了。一首一首彈下去，對他來說不難。我便告訴他，要是這些曲子都練完了，可以往下練。他很有禮貌地謝謝我，第一堂課還不錯。

我有時候想，四、五甚至六年級其實是很好學琴的時候，因為他們夠懂事，而且手指也比較有力，理解力也夠，學起來很快。

華特下次來上課，很興奮地告訴我：「我全本學完了！」什麼？真的？我便一首首考他，他都彈得很好。我挑了一些比較難的，也沒有考倒他。我就給了他下一冊的教材，這次我把幾個章節大概講了一下。心想，他練得這麼快，如果知道個大概，他想接下去練也可以。

就這樣，秋風掃落葉，一連四個禮拜，華特唰唰唰唰，一個禮拜彈完一冊教材。剛開始的很簡單，我也不以為意，後來的比較難，華特也很快學完。

我開始對華特刮目相看，他在短短一個月就把別人學一年的趕了上來。

我和華媽媽聊天，才知道他們家學淵博。華媽媽笑笑說，她小時候也學鋼琴，而她爸爸則是紐約交響樂團的中提琴手，她小時候的玩樂場所是林肯中心的後台。

我吃驚得嘴巴都合不攏。什麼？林肯中心？紐約交響樂團？

她看我吃驚的樣子，笑說，我們要找鋼琴老師，找了很久。那時我們打電話會談了很多老師喔。我們最後選你，因為你在講述教學理念時，把樂理也加了進去，但你又不用樂理的課本。問你為什麼，你說，你**教樂理是採取「神不知鬼不覺」教法，在教一首曲子時把樂理也融會進去**。因為學生已經不知不覺學進去了，好像把維他命加在飯裡一樣。

她接下去說，可是讓我們覺得選對老師是在我們來你家後，看到你的琴房有兩個東西讓我們完全放心了。

我好奇地問是什麼。

她笑說，**你有一張小桌子給孩子畫畫；還有一個是你牆上有長型紙條畫滿了小朋友身高的紀錄**。我們看了，知道你是不一樣的老師。

我聽了有些感動。我知道她去另外一個鋼琴A老師家看過，A老師是貴婦人型的。開車到她家，得繞過一個中庭才會到。豪門大宅在山坡上，門一進去，兩台大鋼琴並列。

我有次因為要和她商量學生比賽的事宜，所以去過。一看到那樣的排場，羨慕得很。而我那時，租的地方是老房子的二樓，小小的，學生來上課，得等在樓梯口。我「只有」一台鋼琴，還是直立式的。我想我和A老師比起來，排場差太多了。

以前我有一位學生，雖然很多人向他媽媽推薦我，但他媽媽來我家坐了坐後，課表都排好了，隔天卻打電話來說，小孩子和A老師比較投緣，不和我上鋼琴課了。

說我不在乎是騙人的。不過，我想，要擁有兩台大鋼琴我做不到；**好老師，我可以做到**。

華媽媽說她的爸爸，就是華特的阿公，是讀茱莉亞音樂學院的。「我爸爸希望華特有一天可以進茱莉亞呢。」她說完大笑。因為我們都知道那是很困難的事，何況華特六年級才開始學。不過，這世上沒有不可能的事。

華特自從會彈琴後，他一坐下彈琴，就不想起來了。他上學前，下課後回家，第一件事就是彈琴，彈到爸媽叫他吃飯、做功課，彈到弟弟妹妹抱怨，彈到有人把他從鋼琴前拉開。

華特愛彈琴的地步，好像鋼琴等了他一輩子。他一開始彈琴，就和鋼琴接連上了。讓我想到電影《紅舞鞋》，那個芭蕾舞伶一穿上舞鞋，就跳個不停。華特也是，他不想和鋼琴分開，可以的話，他會一直彈下去。

漸漸的，華特在我的鋼琴學生裡小有名氣。因為他上台的台風穩健，彈起琴來很有大將之風。

家長們告訴小朋友們，要好好學，以後可以彈得像華特。我想，以前家長是告訴小朋友好好學，可以彈得和獅子老師一樣棒。何時，這個「偶像」的位置換人了？

但學生也開始對華特有意見。學生們告訴我他們受不了華特。

大家告訴我的故事竟然都一樣：「他在下課時間，就一直彈琴，叫他停都不聽。」也有學生說：「I hate that kid.」我說，嘿，那個「hate」字是不被允許的。他們就改口說，他們「dislike」華特。

我問為什麼，他們說，華特比他們晚學，竟然彈得比他們好。

我說，華特很認真學，而且練得很勤。

而**當家長問我，華特是怎麼訓練的？怎麼這麼優秀。我說，是的，華特很有天分；但是，他也非常的用功。**

華特比賽拿下了很多特優和獎狀。但，漸漸的，我也看出他的缺點。他因為學得快，讀譜快，就容易粗心而彈錯音，所以他對需要慢工出細活的技巧及樂句，也比較沒有耐心，但這都不是太大的問題。

最大的問題是，我感覺到他漸漸目中無人，覺得自己所向無敵。我說的話，他也漸漸聽不下去了。

一次，華特來上課，他談起別的學生的彈奏都是負面的評論：「布蘭登彈的那首舒伯特太簡單了，他都已經高二了。我妹妹彈的莫札特太慢了；還有，曇雅的貝多芬，彈得那樣也在彈。」他說完，我沒有搭腔。我在想，該怎麼對他說。

華特是我的鋼琴孩子，我是他的鋼琴媽咪。他這樣的態度無法繼續成長進步。不過，我也想起，小時候每當老師把我叫出去訓話，她還沒有開始，我就已經淚漣漣。

老師後來說：「唉，小獅子，你這樣，老師怎麼訓話呢？」回想起來，會哭是因為知道老師要訓話，怕老師不喜歡我了。

我深深吸了一口氣，我說：「華特，你是一個很優秀的學生。我想，你可能是我教過最優秀的學生了。你的音樂才能非常特別，我非常以你為榮。我要告訴你一些話，**在我告訴你之前，你必須知道，我是愛你的。會告訴你這些話，是因為我希望你可以更好。我一樣愛你。**」華特很緊張的看著我，我也很緊張。

我清清喉嚨說：「華特，我不知道能不能夠再繼續教你了，因為你沒有學習的動力及精神。當你在聽別人彈奏，你只知道怎麼去批評，而不知道如何去欣賞。是的，妹妹彈得沒有你好，但她有沒有可取之處？當然有。你要是無法欣賞別人的彈奏，只覺得自己是最棒的，那麼，你將無法繼續學習，至少無法和我學下去。」

華特的眼睛紅了起來。

你要是無法欣賞
別人的演奏，
而覺得自己是最棒的，
那麼，
你將無法繼續學習。

我忙接下去說：「我告訴你這些，是因為我希望你可以學得更好。沒有謙虛的心，你無法繼續學下去。因為你最近只想學大曲子，沒有聽過的曲子，你連碰都不想碰。**貝多芬兩百年前在作這些曲子時，他對每一首曲子花了相等的心血**。他並不知道哪一首會很受歡迎，哪一首不會紅。所以你學曲子，不能以曲子受歡迎的程度來學，**每一首曲子都值得我們學**。」

華特低下頭。我說：「華特，你非常優秀。你可以更好，我會幫你。但你要好好想一想，調整你的心態。」他沒有說話，臉撇到一邊，把就要流下來的淚偷偷擦去。

時間到了，他把琴譜收一收。我叫住他，他看我。我說：「我依舊愛你。」他點點頭。

華特下次來上課，一改以往驕傲的態度，我也鬆了一口氣。

我鼓勵他參加高中才藝演奏會的鋼琴獨奏。他們只取一名鋼琴演奏，而且通常是取十二年級生（高三生），那時他才九年級（國三），我要他好好彈，因為他應該不會上。結果公布，他上了！他上台的那一刻，我在後台為他打氣。

幕簾一打開，我聽到觀眾很安靜，但他敬禮後，學生們大力為他鼓掌。我在後台聽了很感動。我知道學生們要接受他，承認他的音樂天分，確實花了一段時間。不過，現在他們認同了他，他是他們的一分子了。我真為他高興。

華特十年級時，又去參加了才藝演奏會。我又一次告訴了他，志在參加，不在錄取。他說：「你去年也是這樣告訴我。」問題是，這次我的另外一個鋼琴學生布蘭登也參加，而且他是高三生。我心想他們一定會選布蘭登的。他們面試那天我有事不在，一回家，我就打電話問裁判，也是我的好朋友愷莉，面試的結果。

她說：「喔，讓我告訴你。華特來彈的時候，他感冒得很嚴重，根本沒有聲音告訴我們他的曲目，他就寫在黑板上。你也知道我們音樂教室的鋼琴，上面堆滿了譜啦、報告啦。好，他敬禮後，就開始彈了，貝多芬《月光奏鳴曲》的最後一個樂章。他一開始彈，鋼琴就開始震動。鋼琴上的東西一個個掉了下來，管樂老師還想過去把那些東西拿走，可是這些都沒有影響到他。他一直彈，一直彈，好像這個世界只有他和鋼琴存在。我們評審聽得如痴如醉，好令人震撼的曲子啊！他彈完最後一個音，鋼琴上的最後一本筆記本也掉下來了。他敬禮走出去。我們評審說，面試到此結束，不用評了。」

我緊張地問：「什麼意思？」

她說：「是的，我們必須考慮高三生是最後一年，給他們機會上台，但是華特的才華是有目（耳）共睹的。我們不選他的話，就太不公平了。所以，是的，他錄取了！」

華特那次的演奏非常成功，還贏得長達五分鐘的喝采。他來上課，說：「老師，我這次上台，完全不緊張。而且，我彈得比平常還好。你知道這種感覺嗎？」我點頭。

他想了一下說：「It's awesome！」我完全了解。Awesome，美國孩子很愛用，翻譯成中文，等於「太棒了！」的意思。不過，我知道他的awesome，在這裡是指成功的感覺。我知道在那一刻，他已經不是孩子了，而是往演奏家的路上。

他問我，如果他走演奏的路呢？頓時，我想起電影《心靈捕手》。

Will是一個數學天才，但自己不知道。他只知道他是個壞孩子，因為爸爸常打他，一定是他不好。後來，爸爸還不要他了，他就隨寄養家庭四處住。不過，他一直沒有原諒自己讓爸爸那麼生氣。他發現他很喜歡做數學問題，便到哈佛大學當工友，清掃教室。等學生都下課後，他就到教室做起教授沒有擦掉的數學問題。

有一天，他被數學教授發現了，數學教授想要栽培他。可是因為他有暴力前科被拘留，法庭讓他去和數學教授上課，但唯一條件是他必須去看心理醫生。心理醫生和教授是好朋友，一天他們談到了Will的未來。

數學教授說，如果Will沒有走學術路線，是數學史上一大損失。而心理教授說，這不是我們的人生，這是Will的人生，我們不能為他決定。

我想到這裡，問華特，他自己想做什麼。他說，其實他對科學也很有興趣。華特的功課很好，進醫學院沒有問題。

我說：「華特，不管你想學什麼，你都可以做得到。當然，我非常私心的希望你走鋼琴的路。你若決定走鋼琴演奏，我當然會幫你進好學校。但**我不是你，我不能為你決定**。**你得自己決定**。」他點點頭。

我告訴好友傑瑞，他也是鋼琴教授，也聽過幾次華特的演奏。他差點昏倒。

「什麼？你這樣告訴他？我可以幫他寫推薦信到密西根大學的。」我看著他，他笑了。

「OK，我知道，我知道。不過，獅子老師，真的，要是他是我的學生，我絕對不會告訴他什麼『人生是你的，你自己決定』之類的話。」他牙癢癢的非常想教訓我一番。

傑瑞告訴我，應該送華特去參加大型的鋼琴比賽。我們開始研究起華特的未來，兩個老師對他的鋼琴憧憬畫了一幅美麗的藍圖。

那一陣子，華爸爸被公司裁員。華爸爸很了不起，雖然沒有工作，但他每天早上六點起床，穿上西裝，送孩子上學。回到家，就找工作，寄履歷表。那陣子我不願意收華特的學費，但華爸爸不肯。他說，沒有工作只是短時間的，他會很快找到工作。

那一天，我和華爸爸華媽媽在廚房喝咖啡，我很高興地提起傑瑞和我精心為華特設計的鋼琴藍圖。華媽媽在泡卡布奇諾給我喝。「對，不用加糖，謝謝。所以，華特今年可以參加州立比賽；那明年呢，可以參加北東大賽。而且，傑瑞教授還可以幫華特向密西根大學推薦他……」我一面講，一面喝咖啡。

華媽媽忽然跑走，我覺得奇怪，接著我聽到她大哭的聲音。我看看華爸爸，他清清喉嚨說：「獅子老師，我找到工作了。」華爸爸竟然哽咽了。

我說：「那太棒了！恭喜！」

他低下頭說：「是在芝加哥……」頓時，我的心被挖了一個好大的洞。

「那是什麼意思呢？」我問。

華媽媽跑進來，抱住我說：「我捨不得你，孩子捨不得你啊……」我要說什麼，但一張口，眼淚就流下了，只有把她抱得更緊。我們三人哭成一團。

華特要搬走時，送我一個禮物。我打開，是一個珠寶盒子，裡頭是一條小碎鑽的項鍊，項鍊的一頭是一顆星星。

卡片上他寫著：「親愛的鋼琴媽咪：你是我的star。謝謝你。你的鋼琴孩子上。」

我和華特一直保持聯絡，他常打電話給我，報告學琴的進度，今年華特也上大學了，他拿全額獎學金入哥倫比亞大學，主修化學，但他更被一個和茱莉亞音樂學院聯合的音樂課程所錄取。華特的阿公很高興！

那天高中的homecoming（高中的校友返校活動），我在學校遇到華特的同班同

學飛爾。飛爾的功課很好，進了耶魯，我恭喜他。他問我有沒有華特的消息，我說我們都有聯絡。

他告訴我，他一直都不怎麼喜歡華特。他說：「他好驕傲。」

我說，他是有些驕傲，但是個好孩子。

他又說：「以前他很愛彈琴，怎麼，還有在彈嗎？」我說有啊。

「他上什麼學校？」聽得出來，有點挑釁。

我說：「他上哥倫比亞，還進了茱莉亞修鋼琴課。」他挑高了眉毛，不可置信地看著我。

這時我完全知道他接下來要問我什麼，而我答案也準備好了，就等他問。

果然，他問：「他，有那麼好嗎？」

我馬上接下去說：「是的！他，有那麼好！」

天下父母心（一）

練不好，心情沮喪是自然的；但努力不斷練習，一旦進步了，沮喪就會愈來愈少。

「我的兒子麥可是天才！」電話筒的一端這樣篤定地說。我愣了一下。她看我沒有反應，接下去說：「喔，我的意思是，我的兒子是……神童！」我這下真的從椅子上摔了下來。

「喔，那……那太好了。」我說。

「他和他老師學了三年，老師已經教不動他了，要我轉來讓你教。他很聰明，才十歲已經跳級到五年級了。你有空缺嗎？」

這種電話我也接過幾次：「老師，我的兒子是天才。」有另一位媽媽驕傲的向我宣布。

「那很好，請告訴我他怎麼天才？」

「他才五歲，會用腳趾頭彈鋼琴。」媽媽很興奮的說。

麥可的老師是小學音樂老師，並不是鋼琴老師。她教麥可基礎後，還教了他一些教材。覺得他學得很快，需要更專精的老師教他。

麥可是滿討人喜歡的，很會說話，而且不怕生，他可以坐下來，和你一直聊天，天南地北的，很健談。

麥可來上課的第一次，他媽媽說：「來，彈《夢中的婚禮》給老師聽。喔，我愛極了。快快，快彈。」麥可坐下開始彈。彈得很好，很有感覺。

麥可一彈完，媽媽馬上抱住他說：「啊，我的神童！彈得媽媽眼淚都要流下來了。」接著他們轉頭看我。

我說：「喔，彈得很好，很有音樂性。」他們等我繼續讚美，結果我沒有再讚美下去，他們有些失望。

「來，彈《給愛麗絲》給老師聽。」媽媽說。

麥可開始彈，彈得不錯，只是這首曲子的節拍有的地方比較複雜。不是說他彈得不好，他來上課，就是來求進步的？不是嗎？

我說我們可以從這首曲子開始上。媽媽還要他再彈別的曲子給我聽，我客氣地請她讓我上課。

麥可彈得很好，是的，他滿有天分的。幾個月下來，他比較適應我的教法了。在音樂會上，我讓他彈一些古典的曲子，但我也讓他彈他愛的《Yanni》和電影配樂。

在音樂會上，麥可變成了明日之星。他在台上很穩，而且彈得比平常好。音樂會一結束，小朋友和家長都跑過去，要多認識這位新的學生。

「他們說，我一年後就可以彈超過你了！」麥可在音樂會後，來上課時笑笑的告訴我。

我想他在開玩笑，也就沒有回答他。麥可卻很堅持地再問我一次：「你說呢？一年的時間可以嗎？還是要兩年？」我愣了一下！這小子是認真的，他真的在向我挑戰。

「彈過我？你的意思是？」我問。

他得意的說：「喔，我家人啊，親戚啊，都認為我花一年的時間就可以彈得比你好！」我笑了笑。

記得我小時候，在練音階，練得發脾氣。一氣之下，問老師什麼時候我才可以把所有的鋼琴譜都學完。

我記得老師愣了一下，然後大笑。她笑完，摸摸我的頭說：「啊，你好可愛。」我覺得我當時真的是太幼稚了。

我想了想，麥可和以前的老師學了三年，然後那位老師讓他來和我上，但並不表示那位老師已經沒有東西可以教他了。

我和他說：「麥可，你很有天分，彈得很好。我要你好好上課，專心練琴。如果你一直這樣認真，你有一天一定會贏過我的。我不確定一年的時間夠不夠。不過，你還小，有的是時間！」他有些不服氣的看著我，覺得我太小看他了。

那年，他去參加當地的鋼琴檢定比賽。他彈蕭邦的《圓舞曲》，彈得不錯。只是有些地方，他的節奏一直練不好。我們練了很久，我要他不要灰心。終於也讓他練起來了。

去比賽時，麥可彈得不是很順，起頭出了錯，又再開始，心就慌了。不過，他把它彈完，而且得到了優等獎。但麥可很不滿意，他沒有得特優，他不要再練蕭邦了。

我告訴麥可，他第一次參加比賽，就得優等，真的很棒！蕭邦不好彈，他小小年紀就彈蕭邦，以後可以彈得更好的。

媽媽說：「老師啊，這首曲子真的不適合麥可。你問裁判看看，以後可不可以彈new age的音樂，還是Yanni。」

我真希望麥可媽媽可以和我站在同一線，鼓勵他，而不是批評蕭邦有多不適合他彈。後來，麥可就不願意再學蕭邦。

沒關係，來日方長，我多的是麥可可以學的曲子，我還可以把作曲家的地方蓋起來，不讓他知道是蕭邦。

我總是這樣告訴參賽的學生：「你們可以去參加比賽，就表示你們彈得很好，才能夠去參加比賽。**在我心裡，你們都是特優的學生**。即使裁判沒有給你們特優。**我知道你們有多認真準備，而且你們彈得很好。我很以你們為榮！**」

我希望比賽是讓他們多一個經驗，也希望大家的經驗都是好經驗。但我不能預測裁判會怎麼評分，學生那天會不會緊張到凸槌。我只希望他們好好彈，有個好經驗。我也告訴他們，不想參加也可以。

麥可練得很勤。眼看一切都進行得很順利，連最困難的舒伯特都要練起來了。

麥可的媽媽打電話來。

「老師，我想和你談談。麥可，唉，我這小孩子，一心一意想要討好你。一直練琴，有一首曲子好難，他練得好沮喪，看得我好不忍心。他練完『你的』曲子後，彈自己寫的曲子，啊，老師，他真的就變了一個人！他的鋼琴曲子真的是太美妙了。聽得我和我先生都好感動。我們在想，我們這樣，是不是本末倒置了？他彈你給的曲子，很辛苦，又常沮喪。彈他自己的創作，就很快樂。」她停了一下，慎重的說：「我們想，不參加比賽了。」我說，沒有問題，他不用參加比賽。

我只是覺得小朋友要是彈得夠好，我應該提供這個機會給他們。他們不一定要參加。

「所以，我們又想，可以讓他多創作嗎？不是說學『你的』鋼琴曲子不好，而是，或許，創作才是他所愛。」

我想了一下說：「麥可媽媽，**他會沮喪，很正常。因為他對自己有期許，他知道他可以彈得更好**。我們練琴，一定有瓶頸的，不可能彈什麼都沒有困難。**有困難處，表示我們有進步的空間**。而且，不管學什麼都一樣。去上學，有的科目比較難，還是要學。我覺得，沮喪是必然的。覺得練不好，沮喪；再練，進步了，沮喪就少了一點點。就鼓勵他啊，而且他快練起來了。」

我接下去說：「他彈自己的曲子比較快樂，因為那是完全的自由。他可以隨心所欲，怎麼彈，怎麼對。我也喜歡他的創作。而我給他的這些鋼琴曲目，他可以學到音樂的架構、理論及音樂的表現，也是很重要的。這樣好了，我建議你，帶他去上樂理作曲的課，讓他上上看。這些東西可以幫他創作、寫譜。」

我繼續說：「等他來上課，我會好好跟他談談，看他是哪裡練不好。He will be fine。」

麥可媽媽半信半疑地掛了電話。

這讓我想起，有一個小朋友和我學了一個月後。有一天，媽媽打電話來說不學了。

因為那天上課，她忘了背一首曲子，一慌之下，大哭。一哭，媽媽不忍心，就說，好，我們不用學鋼琴。不要哭。

天下父母心，我了解的。

我爸爸媽媽愛我，希望我都順順利利。但我爸爸也常告訴我，**要努力，凡事靠自己，有問題要解決。我們都會遇到困難，這就是人生**。

麥可媽媽一看到麥可走的路上有障礙，馬上去把障礙移除，讓他走平坦的路。

我想起子敏說過一句話：「**對孩子要有信心**。」就這麼簡單。**你要有信心他們遇到困難，會去克服，也不要怕他們沮喪，沮喪很正常。他們也得學會如何面對沮喪**。

因為他們有你們，愛他們，有老師我，幫他們，They will be fine！多一點信心。對他，對這個世界，多一點信心。好嗎？

麥可媽媽，你說，好嗎？

跌倒

看著這兩個小朋友，在短短時間內克服了恐懼，克服了第一次的失敗，在同樣的觀眾前跌倒，又在他們面前拍拍身上的灰塵爬起來。

「牛仔褲不能有破洞、不能是低腰的，要穿低腰的話，要確定坐下來，不會看到屁股，還有上衣不能穿hoodie、運動外套……」我喋喋不休地吩咐著。

學生們轉轉眼珠子說：「我的天，你比學校的修女還嚴格。」我笑了。

是這樣的，學生們一年兩場演奏會，十一月一場，三月一場。十一月的是正式演奏會，大家得打扮得體，而春天的這場，我就把它命名為「牛仔褲鋼琴演奏會」，大家可以穿隨便一點。我的用意是希望藉由輕鬆的服飾，學生上台會比較不緊張。

說來是我這當老師的計謀，換湯不換藥，反正你還是得上台。不過，有了這個牛仔褲演奏會，小朋友都覺得很酷，一過完年就等這場牛仔褲演奏會。

後來，才發現不限制一下牛仔褲的標準是不行的。誰教牛仔褲花樣那麼多！低腰、泥土洗（我的最愛）、有破洞、有鬚鬚、有亮片、有繡花……

我在教堂歡迎大家的到來，乖乖，這些媽媽們可不管我的衣著規則，所有「違規」的牛仔褲都出籠，更有辣媽歡迎春天來臨，讓肌膚和空氣更融合一起。

學生們個個面帶愁容，雖然穿著他們心愛的牛仔褲。我一一告訴他們，他們會彈得很棒，而且我們都會為他們加油。他們通常給我一個緊張的微笑後，就溜去教堂後面的教室練習了。

哈瑞走向我，他八年級，但高得像籃球國手，我得抬頭看他。

「嘿，老師，我昨天去參加比賽，我得到特優呢！」

「哇，恭喜你！」

「謝謝，我想幸好你不在會場，因為我彈錯了一個音。裁判好像沒有聽到，給我特優。」

我笑說：「不是這樣的，我可以向你保證，裁判知道的，但他們還是覺得那個音不影響你的彈奏，所以給了你特優呢！」他給我一個很孩子氣的笑容。

演奏會開始了，我站在講台上，謝謝大家來支持小朋友們，也要小朋友們不要緊張，放鬆心情上台。

「因為**我知道你們有多棒，而我們會給你們最大的鼓勵與支持**。」

演奏會開始了，我坐在台上的後方，這樣我可以宣布上台小朋友的名字，也可以讓小朋友知道我在台上，和他們一起。

被叫到的小朋友都一臉緊張地跑上來，敬禮坐好，深呼吸後，開始彈起來。彈完後，我帶頭拍手，他們都如釋重負地回頭看我，我報以他們微笑，有時給他們一個大拇指。

在開演奏會前，我一一告訴他們，他們可以做到的。

上台，彈錯音，無可厚非，我們是人，不是機器。**我也會彈錯音。重要的是要如何向前看**，錯了就錯了，繼續往下彈，把曲子彈完，能夠不慌不忙地完成演奏，就很不簡單。不能夠做到不慌不忙也無所謂，能把曲子彈完，也很棒！

我在台上後方看**小朋友們上台演奏，那種認真的神情，我覺得是最美的一幅畫了**。接著哈瑞上台了，他很斯文地敬禮，坐好後，手擺上琴鍵要開始了。

我往後坐，想他前幾天才比賽，應該沒有問題的，我放鬆心情欣賞。

他開始彈，兩手音不搭調，好像是右手擺錯位置。他笑笑，重來。

再試一次，鏘！又是錯音。

我坐了起來，想該怎麼幫他。他回頭看我，我小聲喊話給他：「右手是Mi的音。」

他問：「What？」

我說：「Mi。」

他把手放到Mi，但忙中更有錯，他把左手也移開了，一彈，又是錯音。

我的心臟都快停止了。

我們都沒有帶譜在身上。他試了幾次後，回頭看我說：「我記不得了。」

我站起來說：「沒關係，我們等下再試。」

他站起來向觀衆敬禮，大家都給他安慰的掌聲。我看他用小跑步跑回座位，希望他不要太難過。

接下來的荷頓，五年級，穿著很春天的粉紅色上衣和牛仔褲上台。她一直都很穩，我幫自己收驚，要自己冷靜下來，希望下面的學生沒有受到影響。

荷頓開始了，才彈了一會兒，就停了！好像有人拿了仙棒，朝她一點，她停止不動。

我的心差點從胸口跳出來，我向前傾要幫她，她又彈了起來。我坐下去，她又停了。

她回頭看我，這曲子我記得，我走到她身邊把她的右手移到正確位置，她已經緊張得彈不下去。

她無助地看著我，我問：「你要不要等一下再試試看？」她點點頭，草草下台。

我看台下還沒上台的小朋友都臉色發白，但是show must go on。

我站起來，給大家一個鼓勵的微笑，並宣布下一個小朋友是凱西，我給她一個很大的微笑，我要她知道她做得到。

我坐下來，聽到的是自己心跳的聲音。唉，這樣的驚嚇，真讓我心臟無力啊。凱西順利彈完，而接下來的學生也都彈得不錯。學生都彈完後，我也彈了首John Field的《夜曲》，短而甜美。

彈畢，我站起來，大家鼓掌。我走到麥克風前，看看觀眾，其實我在找哈瑞。哈瑞和媽媽坐在後面，他微笑地看著我，朝我點點頭。

我知道他的意思，我俯身向前說：「哈瑞，你要再試試嗎？」

他站起來，很大聲地說：「Yes.」大家用力地鼓掌，為他打氣。他小跑步到台上，敬禮，坐下就開始了。

他不疾不徐地彈著蕭邦的《華爾茲》。我笑了，因為我知道他會彈得很棒。聽得出他已經不緊張了，取而代之的是滿滿的信心。

他彈畢，大家又是鼓掌又是歡呼，他很紳士地站起來，向大家敬禮。我站起來為他鼓掌，**Try Again，這是需要多大的勇氣！**

我沒有忘記荷頓。我想要是她沒有看我，我就不叫她了。當我眼光飄向她，她已經在等我般地看著我。我馬上問：「荷頓，你呢？要不要試試看呢？」

她站起來，也大聲說：「Yes.」粉紅色的她走上台，很穩重地彈了起來，一首簡單的《西班牙舞曲》，我聽著卻眼眶微溼了。

看著這兩個小朋友，在短短時間內克服了恐懼，克服了第一次的失敗，在同樣的觀眾前跌倒，又在他們面前拍拍身上的灰塵爬起來。

跌倒，沒有什麼，站起來就是，因為站起來後，可以走得更穩！

她彈完了，大家都起立為她歡呼，我也站了起來，大力地拍起手。

帕洛瑪的訊息

他給她的是比任何評論更重要的一課——肯定自己，愛自己。

亞曼達是學院大一的學生，雖然才十九歲，但彈得一手不得了的低音吉他，在我們這裡已經闖下了一個不小的天地，她和學校的吉他老師常常有演出。雖然忙，但亞曼達從來沒有缺過課，是很認真的一個學生。她留著及腰的棕色長髮，一件吉米·亨德立克（Jimmy Hendrix，美國有名的搖滾吉他手）的T恤、牛仔褲，很像珍妮絲·查普林（Janis Joplin，美國六〇年代有名的歌手），率性又很有個人的味道。她最迷人的地方是她的微笑，及一顆善良的心。

這是亞曼達第一次正式學鋼琴，她會彈一些基本的，除了學校用的教材，我自己也找了一些爵士樂的東西給她彈。亞曼達來上課，一定先向我問好，整堂課面帶微笑。每次上她的課，因為她很認真，所以都上得很愉快。

一天亞曼達來上課時，有點不好意思的告訴我，她最近練習之餘，還作了一些鋼琴曲子。我很興奮的要她彈給我聽聽。

亞曼達靦腆地坐上鋼琴椅子，然後彈起來。頓時，五彩繽紛的音符從天而降，有淡淡的哀傷，也有淺淺的喜悅，一陣琶音從上往下把我們帶回到最初的憂傷。

亞曼達彈完，很不好意思的看著我，甚至帶著抱歉的語氣問我，覺得她的曲子怎麼樣？

我說，讓我告訴你帕洛瑪的故事。

一年夏天，我和先生去西班牙玩，那時正值世界盃足球賽，整個西班牙，我想，整個世界，那個時候都為世界盃瘋狂吧。我們回到旅館，打開電視，不管哪一台，不管哪一種語言，都在報世界盃大賽。可是在西班牙，還有另一個更大的消息，就是普拉多博物館（Prado）要辦畢卡索大展。電視打開，不是採訪普拉多博物館的館長，就是世界盃足球賽。

然後有一天，他們採訪帕洛瑪・畢卡索（Paloma Picasso）。她是畢卡索和他的情婦法蘭西斯・嘉洛（Francoise Gilot）的小孩。

BBC電視台做了長達一個小時的訪問，帕洛瑪優雅的坐在她的書房，濃密的黑髮梳往後方，非常雍容華貴。她侃侃而談，談她的童年、她的藝術生涯，和她畢卡索之名的負擔及利益。她說的一個故事深深吸引了我。

她是唯一一個畢卡索允許在他作畫時在身邊的小孩子，他們問她為什麼。

她說，她小時候很害羞，她想可能因為她很少講話，又很安靜。她常跑去畢卡索的畫室看他作畫。他看她這麼乖，又從來沒有吵過他，便允許她留在畫室。她也開始畫起來。她那時大概是五歲吧。

她畫完，會問爸爸覺得如何。爸爸回答說不知道。她很吃驚，他竟然不知道她畫得好不好。她雖然小，但她也知道爸爸是西班牙的國寶。她再問一次，爸爸卻問她，覺得自己畫得好不好。

「你是創作者，你覺得好，就是好；你若覺得不好，那就不好。我覺得好不好，都無所謂。你，對自己創作的觀點，才是最重要的。」畢卡索這樣對她說。

我那時候聽到這裡，整個人都坐起來。我好震驚，又好感動！這對一個小孩子是多麼大的鼓勵！

當我說到這兒時，我看到亞曼達睜大了雙眼。我微笑。我知道她了解這個故事的要點。

你，
對自己
創作的觀點，
才是最重要的。
ART
amanda.LO

畢卡索，西班牙的國寶，有著不可一世的風範及驕傲。在他面對他五歲的小女兒的童畫，他給她的卻是比任何畫評更重要的一課——肯定自己，愛自己。

我要亞曼達再彈一次給我聽。她先微笑，再開始。她從一個害羞的學生，變成一個鋼琴家。她彈完，我拍手歡呼！

第二次機會

其實我才要謝謝路易。謝謝路易給了我一次機會，也謝謝他讓一位老師學到第二次機會的可貴與重要。

「哈囉，獅子老師，我是莉莎。華媽媽是我的好朋友，她向我大力推薦你來教我兒子路易。不是我自誇，路易很聰明，我想你會很喜歡教他的。」她接下去問何時可以上課。

我很抱歉的告訴她，目前沒有空缺。她很疑惑的問，華媽媽是她最好的朋友，

而華媽媽又是我的好朋友，難道不能靠這個關係給她一個時間。

我說，我知道你們很要好，但我真的沒空缺。她有些失望，想不到這張好朋友的王牌沒有什麼用。不過我告訴她我一旦有空的時間，一定會盡快告訴她。

莉莎三不五時打電話來問我有沒有空缺了。她的電話留言總是這樣開始的：「嗨，獅子老師你好。我是莉莎，華媽媽的好朋友。」後來，我告訴她，我們可以寒假來上課，因為學生那時會比較少。她很高興。

「不知道有沒有告訴過你，我的兒子很聰明，才六歲，不過很會看書了。我也自己教了他一些鋼琴。」

對於家長這樣大力熱心的讚美自己的小孩，我都是禮貌性的答覆：「啊，真的？那太好了。」

天下父母心，自己的孩子當然是最好的。只是琴要學得好，因素實在太多了。

路易第一次來上課，莉莎帶他進來。路易興奮得不知如何是好。他先叫了我，我向他自我介紹後，帶他坐上鋼琴。我大概向他解釋了指法和音名，但我發現他根本沒有在看我。他四處張望，從這個牆壁到那個牆壁。

「哇！那個是神奇寶貝嗎？老師，你怎麼有那麼多？哇！那個是蠟燭嗎？怎麼看來像一朵花？哇！那是什麼？」他對新環境好奇得很。

我笑了，「來，我為你導覽我的琴室吧。」我帶他一一看我牆壁上的裝飾。我告訴路易我的琴房規則，像不可以回嘴、要記得帶譜、要練琴、不可以說做不到，要說我會再試試看。我邊說，他邊點頭。

我帶他看桌上的跳棋和書，看可以畫畫的小桌子，及最重要的廁所。我告訴他，要上廁所的話，不需要經過我的同意，只要告知我，就可以去了。

「這些呢？你還沒有介紹。」他指著神奇寶貝。我又笑了。

這是我在台灣菜市場買到的小東西，pokemon擺飾。一行排開也有三十個吧，小孩子看了不興奮也難。

我清清喉嚨說：「路易，這些啊，就是獎品。學生若來上課，一連四次通過所有的功課，就可以選一個神奇寶貝當獎品。」

「老師，那我們還在等什麼？」他說。

第一堂課，路易上得還不錯。

通常六歲的孩子，手都還太小。我要他慢慢來，音彈下去沒有聲音的時候，不要硬彈而壞了手形。他點頭如搗蒜，非常認真。上完了，換下一個學生。莉莎還沒有來，我要路易等一等。我便開始教下一個學生。

路易等得很無聊，開始自己編故事說起話來，說到好笑的劇情，自己樂得哈哈大笑。我要他小聲點，但六歲的孩子，不了解小聲的意思。

有人、有聲音在一旁干擾，我上起課來很吃力。莉莎總算來了。她進來接路易，兩人像在演骨肉重逢。

「啊，我的寶貝，上得如何？」

「媽媽，你看，這是我的功課。我若彈得好，就可以得到這些神奇寶貝！」他拉莉莎要去一一介紹神奇寶貝給她看。

我向前告訴他們，路易學得很好。我在上課，所以請他們下次再見了。莉莎不知道是聽不出我的話中之意，還是怎的，遲遲不離開，要和我聊她的兒子。

我終於告訴她，我正在上課，下次再說，或她可以打電話給我。她驚覺打擾了我上課，才走了。但這樣的戲碼卻一再上演，不是遲來上課，就是遲來接路易下課，破壞了我上課的原則。

其實我在琴房裡是個暴君，我要求家長和學生要尊重上課的時間及空間：請準時到，請準時來接孩子。請不要帶好朋友、鄰居、表兄弟姐妹一起來上課。一個禮拜一次的課本來就不是很長，有別人也在琴房，通常小朋友會分心。

家長通常很配合的，有時候忘了，我也不是很嚴格，一、兩次「違規」我不會太在意。

一次莉莎嚴重的遲到。那晚，我打電話給她。

「莉莎，嗨，你好。我是獅子老師。我很喜歡教路易，他學得很好。不過我必須提醒你，請你準時來上課，也請你準時來接路易下課。因為，他在琴房等你時，我在上下一個學生的課，這樣會影響到上課的品質。同樣的，如果有學生這樣影響到路易的課，我也會這樣告訴他們的。希望你能夠了解。」莉莎很抱歉的說，她會注意改進。

後來，開學了，路易開始打冰上曲棍球，鋼琴課就上得很少。課一沒有連貫下去，小朋友學得有些零零落落。原本快彈完的一本課本，卡在最後幾首曲子。而路

易一再改課，改到最後，我就沒有時間教他了。

我告訴莉莎等路易打完冰上曲棍球，我們再開始吧，同時我也告訴她那個月的學費，既然我們會有一陣子看不到對方，請她寄來。她說好，沒問題。一個禮拜過去了，兩個禮拜過去了，一個月過去了。沒有學費的影子。

我打電話，再提醒她。「喔，我真是抱歉。我一直記得要寄給你的。這樣好了，我等下去買菜，把錢帶出去給你。對不起喔。」我說沒關係。但「等下就送到」的承諾也沒有實現。一個月過去了，兩個月過去了。

我其實不會不好意思提醒家長付學費，因為，我們都有忘記的時候，所以我三不五時會打電話或寫e-mail提醒她。

眼看春天走了，夏天就要來了，一個學年就要過去了，學生要放暑假了，莉莎還是沒有付我學費。我留言告訴她，在學期末，我希望可以把帳簿做個總結。

結果，一天，我上課上到一半，「砰」的一聲，門被打開，我和學生都嚇了一跳。是莉莎！

「對不起，我一直忘記。這個錢已經放在我皮包三個月了。」她把錢交給我。

我謝謝她。

她開始她的陳情書演講。「路易很喜歡你，很希望再開始學，但現在這個冰上曲棍季……」噢，不，這個不能重演啊。

我打斷她說，對不起，我很抱歉，不過我在上課。

她才驚覺她干擾到琴課，又抱歉了很久。

「有空缺時，要打電話給我們啊。」我帶上門，想說，可能機會不大了。

過了暑假，又開始上課了，我又開始接到莉莎的電話。因著上次的經驗，我一直沒有回電話給她。華媽媽也打電話來「慰問」一番，看看怎麼回事，有沒有辦法排路易。

我不好意思告訴她，莉莎的「紀錄」實在不是很好。再來，我課也排不下，就一直沒有聯絡她。不過，這件事一直掛在我心上。

有一天，我們去餐廳吃飯。餐廳很多人，我們等了一下才有位子。我們往裡面走去，我聽到一個很洪亮的聲音叫著：「嗨，獅子老師！」那聲音之大之響亮，讓一行人都停了下來。

我一看，是路易！他小小的人，怕我看不到他，站在椅子上。我向他揮揮手。他向全桌子的人宣布我是他的鋼琴老師。同桌的有他的爸爸媽媽和親戚，大家都微笑點頭示意。

那個晚上，路易小小的臉蛋在我的腦海揮之不去。**他叫我那一聲獅子老師，裡面有很大的喜悅和期待**。而他看到我時的笑容，讓我很愧疚。

我想了很久，是不是該給他們另一次機會？

第二天我打電話給莉莎，不過，我重述我的上課規則，她說她知道，他們會盡力配合我。路易來上課，好像要補回什麼似的，非常認真，雖然我們得從頭複習起，他也不放過任何一首曲子。

複習好了曲子，他不會輕易罷休，他還把它們都背了起來。而當我們學完了一本課本，我稱讚他，他並不滿意。

「老師，我們是不是應該把全本都再複習一次？這樣我才可以學得更好。這樣好了，我下次把全本全部背起來，你也覺得這個主意不錯吧？!」

我非常吃驚他對鋼琴的熱愛及認真程度，沒有一個七歲小朋友把鋼琴看得如此

重。

他下一次來上課，把整本譜拿給我，表示「來吧，考我吧。我準備好了！」我很喜歡我和小朋友的默契，當他們把譜拿給我時，那種「風蕭蕭兮易水寒，壯士一去兮不復返」，常讓我會心一笑，又很為他們的決心感動。

我考路易幾首曲子，他每一首都倒背如流。

我闔上譜說：「你通過了！來，獎品。你可以選任何一個神奇寶貝。」

我知道他從第一天就對神奇寶貝念念不忘。我想他會興奮得不知如何選起。路易很嚴肅的走到它們面前，從左看到右，再從右看到左。他遲遲無法做決定。「怎麼了？不知道選哪一個嗎？」我問。

他說：「**老師，把這些留給別人吧。我知道我學得很好就可以了。**」

我聽了好驚訝！什麼？我還沒有聽過哪一個小朋友對神奇寶貝說No的。還有兄弟姐妹之間，為了要比另一個人拿到更多的神奇寶貝，拚得你死我活。而路易，竟然不要它們。

我拿起我最喜歡的一隻藍色的神奇寶貝龍，「這是我最喜歡的一個神奇寶貝

呢，要不要？」

路易看看寶貝龍，又看看我說：「No, thank you. 我們接下來要彈哪一本譜？」

要過聖誕了，我把樹架起來。小朋友來上課，都喜歡先看看樹，看看我有沒有擺新的飾品上去。有的小朋友還帶來禮物，很鄭重的放在樹下。

那晚上密妮的課，正上得起勁，「砰」的一聲，門被打開！我和密妮都嚇了一跳。又是莉莎和路易。我和密妮停下來看他們。

「對不起，獅子老師，我以為你已經上完課了。我們不會佔用你們太多時間。來，快，路易，你不是要和老師說什麼？」莉莎把路易拉到我面前。

「嗯，嗯……獅子老師，我要謝謝你這些日子來的教誨，我學了好多。真的謝謝你。」他把一個禮物拿給我。

莉莎說：「路易特別為你選的喔。」

路易問：「老師，你要去台灣多久？」我說，三個禮拜。

他說：「好，我會等你回來。等你回來以後，我們可以學更多更多新的曲子喔。我還有個主意，我們可以練四手聯彈。」

莉莎看路易又要開始滔滔不絕的說起理想，打斷他的話，祝我佳節愉快，帶路易走了。我向他們揮揮手，也祝他們佳節愉快。

帶上門後，密妮要我打開禮物。我拗不過她，把它打開。是一瓶護手膏，路易一定看到我常在擦護手膏。裡面還有一張卡片，他歪歪斜斜的字跡寫著THANK YOU。

我發現我眼眶有些溼熱。

其實我才要謝謝路易。謝謝路易給了我一次機會，也謝謝他讓一位老師學到第二次機會的可貴與重要。

我把蓋子打開，擦了一點在手上，密妮湊過來聞。

我把卡片擺在鋼琴上。「他真是一個可愛的孩子。」密妮說。

我說：「是的，他真的是。」

我緊緊跟上

我想對爸爸說謝謝他一直這樣支持我，更重要的是一直這樣相信我。

回到台灣，我一定會跟爸爸去植物園散步。

爸爸很喜歡植物園，他最喜歡繞著園裡荷花池池邊的步道散步。我們都坐捷運到那兒，到站後，從博愛路的入口進到植物園。我邊走邊看，看到旁邊的公寓，問爸爸那是不是陳老師的家。

爸說不記得了，我停下來，東看看西瞧瞧說，對！沒錯，以前陳老師就住這兒啊。

很多年前，我專校剛畢業，爸爸因為工作關係，舉家搬來台北。我也利用了那一年，準備托福考試和留學事宜。

我還找了鋼琴老師上課，陳老師剛從美國茱莉亞音樂學院拿到博士回來，老師很好，不僅幫我上鋼琴，還提供了很多很好的留學資訊。

陳老師上完第一堂課，我雙手奉上一個信封，裡面裝了一個小時的學費兩千五。他接過後，有些猶豫的問我爸爸是做什麼的。

「公務員。」我說。

他聽了從信封裡抽出了一張五百元還我。「公務員很辛苦。」他說。

他問我想去哪裡讀書，我想了想，那時才去參加了一個曼哈頓音樂學院在台灣辦的夏令營。和一位鋼琴M教授上課，也問我同樣的問題。我說我想去他任教的學校曼哈頓。

M教授聽了皺皺眉頭說，這不大可能。

我說若我很認真的學，他覺得有沒有可能。

我永遠忘不了他看我的眼神。這個眼神，從小很多老師給過我，那是你不夠好的眼神，那是有些睥睨的眼神。

我再三的問，我好好學，你想幾年可以？

M教授看都沒看我說，二十五年！

當時我真想奪門而出，希望就這樣消失。

陳老師又問我一次，我不打算告訴他我和那個曼哈頓M教授的對話。我又試了一次說，我想去曼哈頓音樂學院，還是你的學校茱莉亞音樂學院。

陳老師先是微笑。他說：「小獅子，其實美國有很多好學校，不只這兩所可以讀，很多州立大學的音樂系也都很好，而且學費便宜，你一定可以的。」

我告訴了爸爸，他花了很多心血和時間，去台北美國新聞處找資料，找了幾所州立大學。

我托福考得還不錯，我是專科畢業轉學美國大學部，德州的學校承認我最多學分，我便選了德州的學校。

想不到剛到學校報到，還要再考一次英文鑑定考試，我們這些新生都哀嚎。因為根本沒想到還有這一關，沒過的話就得重修英文課。

「怎麼辦？我的學費沒有英文課的預算。」很多學生說，有的學生怕這樣就把預定好的留學時間拖累了。新生們趕快猛K英文。考完後，新生們都聚在行政大樓等成績公布。

大部分的台灣留學生是讀研究所的，只有我一個讀大學部。大家很緊張的等監考老師出來。他一出來告訴我們，大部分的學生都沒過，沒有聽到名字的就得留下來報英文課。我的姓氏英文字母排列在很後面，那時真希望我姓陳。

「A……B……C……」啊！我心跳一百。很多人都沒過，學生臉色一個比一個蒼白。

終於，到了我的字母，「小獅子！」我跳了起來！我竟然考過了。

我馬上打電話告訴爸爸媽媽，他們說我是不一樣的五專生，出國的第一戰就得佳績。

那時爸爸媽媽打電話來，都是這樣稱呼我：「不一樣的五專生。」原來我不是太差。

記得國中畢業時，除了高中聯考，我還考了五專音樂科。我高中上了第二志願，五專鋼琴組也上了。一些老師知道我要去讀五專，跟媽媽說：「那種」學校你

也讓她讀啊？爸爸倒是很鼓勵我去讀五專。

「你看，你現在就可以專心彈琴，好好學英文，畢業後可以出國。」爸爸說。

我五專讀得很開心，彈琴之外，我們已經開始正式的音樂教育。慢慢的擺脫名校迷思，不一定要讀高中，五專也不錯。

雖然有的老師來上課，會有意無意貶低我們，說他們也在省立女中教書，我們的程度就比較差。提醒我們，不過是五專生。但在音樂聲中，這些睥睨，我們很快就學會聽聽就好。

開始上課後，有一堂課很難，是「鋼琴曲目賞析」，學生要修所有的鋼琴曲目。我們從巴洛克時期開始：巴哈、史卡拉第、柯普蘭。我對這些曲目不是很熟，再加上這是我來美國的第一個學期，很多時候課聽不懂，但是我盡力而為。

第一次「鋼琴曲目賞析」考試，考得很差。那堂課是大學部的課，不過一些研究所的學生也來補上，大家都考得不好。我想下次我會好好讀，收好考卷，接下來去上鋼琴課。

一進教室，老師馬上問我「鋼琴曲目賞析」為何考得不好。

我說課聽不大懂，老師點了一根菸說，記曲目重點在旋律，有什麼問題可以問他。「好，那就開始上課吧。」老師吐出一口煙說。

我把琴譜拿出來，心想，就這樣？沒有繼續說什麼我資質不好之類的話。

上完課，老師說：「好好學，你彈得不錯。」

我彈得不錯？真的？我不用苦練二十五年就可以上大學了，我或許不是那麼差！

那晚我去一個學姐家聚餐吃火鍋。學姐和我也是同一個鋼琴老師，她說老師要她好好照顧我，「老師說你是一個good piano student。」我聽了好高興，她接下來問我，鋼琴曲目賞析考得如何，所有主修鋼琴的都知道那不好讀。

我夾顆魚丸說：「考得不好，拿了C。」我吹吹魚丸，學姐很吃驚的看著我說，你考這樣還笑嘻嘻的，真不可思議。

我看到她的眼神，是的，我很熟悉。不過不知道為什麼，這樣的眼神傷害不到我了。我說我下次會考得更好，我又夾了塊肉，吃了起來，學姐沒有再說什麼。

我那晚走出她的住處，覺得好輕鬆。那一刻起我知道，那會是我得到最低的一個分數。我也很確定，我會越來越好。

在德州九月的夜晚，有點涼，我越走越覺得釋然。**有些什麼，我背負了很多年，終於放下了。如蛻變，我一層層脫殼。**

我不用再擔心別人的眼神，我現在在美國，一個新的開始，我終於可以做我自己！我吹著口哨一路走回家，我知道我做得到的！

「快點，你在想什麼？」爸爸推門進植物園，我加快腳步，他遞給我一瓶水，我接過來說：「謝謝爸爸。」

爸爸也出國讀書過，不過他是拿公費留學，非常不簡單的，我常看著爸爸，覺得他好棒，我好渺小。

我想對爸爸說謝謝他一直這樣支持我，更重要的是一直這樣相信我。

我一個猶豫，爸爸已經走得很遠。他向我揮揮手，我緊緊跟上。

強尼的眼淚

我希望學生們在比賽裡都能夠有個好的經驗。我不在乎他們的得分，只要他們盡全力。

強尼專心地彈著《萬花筒裡的鋼琴》曲子。俏皮的節奏、輕快的旋律夾雜著八度高音，讓整首曲子難度更加深了一層。他把頭偏向右邊，確定右手在最高的DO音，兩手一起結束。

他彈完後，那雙又大又圓的深棕色眼睛充滿期待的看著我。而我第一次無言了。通常小朋友彈完，不管他們彈得如何，我都會說個good。而現在我不知從何開始而沈默了。

我看著譜，沒有看他。我把眼光望向牆壁，看到他畫給我的兩幅畫。

強尼是我收過最小的學生之一，他開始學琴的時候才五歲。通常我希望小朋友至少六歲開始，但因為他的姐姐卡拉已經和我上了兩年，而他也「旁聽」了兩年，知道上課是怎麼回事。我好不容易答應讓他開始上課，他媽媽卻猶豫了。

「他很小耶，你想可以嗎？」媽媽問。

我點頭說：「可以的，相信我。」

媽媽很不肯定地又問了我：「你確定你不會毀了他？」

我聽了沒有生氣，反而大笑。

她看我笑，也覺得自己的問題太荒謬了，也笑了起來。

強尼的第一堂課，非常可愛。

他看姐姐每次來上課，第一件事是抱我，問我好，上完課再抱我，謝謝我。他也依樣畫葫蘆，他五歲小小的個子，抱著我，就抱著我的膝蓋，我摸摸他的頭，忍不住笑了起來。而因為是第一堂課，我只給了他兩首曲子。

聽說他一回家，和爸爸媽媽抱怨說，他「只有」兩首功課要練，覺得我沒有看重他。不過，他才抱怨完，就宣布說，不要吵他，他要去練琴了！

強尼學得很快，我卻從不在姐姐面前稱讚他。不過，漸漸的，大家都聽得出來，他進步神速，而他對姐姐還是一樣友愛，因為姐姐就是姐姐。

有一天，他在我琴房發現了一張我的中文名牌，是我在台灣參加一個座談會發的。他看了，視為寶物。他在姐姐學琴的時候，一直練習學寫我的中文名字。

我的名字一共有二十五畫，說多不多，說少不少，但對一個美國孩子來說，想要記住的話還滿難的。

強尼練習了半小時後，就記起來了。

我把他練習我名字的那幾張圖畫紙和我的名牌做了一個剪貼的拼圖，裱框掛了起來。

看著自己的名字由這樣稚氣的筆跡寫成，我心中有種感動。

聽強尼媽媽說他那個月回家，就一直找紙寫我的名字，整個家都看得到我的名字！我大笑，心想我的名字又不能驅邪，不然寫來掛在門上也可有些作用。

強尼也畫了一張圖畫，是一台大鋼琴，旁邊是一個小小的他。他歪歪斜斜的字跡寫著：「I love you and piano.」我把它掛起來。

現在我看著這兩張圖片，難以啓口。

強尼已經四年級了，琴彈得很好。我們再三天有個比賽要參加，而他彈的那首《萬花筒裡的鋼琴》就是要比賽的曲子。

這學期他加入了籃球隊，比較忙，常缺課。我一個月以前問他要不要參加，要的話，得開始背譜。

強尼興奮的點頭，「要，我要參加。我要彈這首曲子，因為我好喜歡呢！」他說。

後來一個月下來，我只看到他兩次。強尼是背好了，只是節奏上有些問題和一些錯音。

我告誡他，練琴時要注意這些錯誤。但他疏忽了。

我知道他非常想參加比賽，但以他這樣的彈法，我知道，裁判給他的分數不會太高。而我不希望比賽結果讓他失望。

我只希望學生們在比賽裡都能夠有個好的經驗。我不在乎他們的得分，只要他們盡全力。

我清清喉嚨，把眼光調回，看著強尼。他很緊張地等我開口。

「強尼，你彈得很好。聽著，我知道你這學期很忙，因為籃球隊常有練習和比賽。所以花在鋼琴上的時間相對就減少。不是你彈得不好，而是如果我們可以再多個兩個禮拜的時間準備，會更好。我覺得如果禮拜六讓你去彈，可能不會是個好主意。因為這首曲子，有不少需要改進的地方。而我的原則你也知道，我不在學生要上台表演的前一堂課改任何東西的。所以，不是你彈得不好，而是我們需要更多時間。所以，我們這次就先不參加，反正還有下次，吳？」

我一說完，強尼豆大的眼淚就從兩旁滑下了他的臉頰。

那眼淚一直流，而他也沒有去擦它們。強尼就這樣無望地看著我，無聲地流著眼淚。

我的心碎了！我拿面紙幫他擦眼淚說：「強尼，我還是一樣愛你的。我們這次不參加比賽，還有下次。你沒有做錯什麼，只是我們時間這次比較不夠。好嗎？」強尼的眼淚一直流下，終於他抿著嘴說：「我要參加，我要參加。」

我告訴他，「強尼，我對你並不失望。你也不要對自己失望。」他的眼淚又流下。「老師，請讓我參加，我會盡力！」他哽咽的說。

我陷入了難題。

我們只有兩天的時間，去掉他白天上課的時間，他只有下課後才有時間可以練習。但我沒有辦法拒絕他……

我想了很久，終於說：「好吧。我幫你。你有至少六點要改。」他用力地點頭。

「而你今晚回家要練習，明天後天要找時間練。我禮拜五排個時段你再來彈給我聽一次。這樣好嗎？」他已經趕忙把眼淚擦乾，手擺好要開始了。

我深受感動，但我也知道，這樣的賭注太大了，只是他決心已定，我們就只能盡力。我每示範一點，強尼馬上試，而且幾次就改好了。一堂課下來，他把所有的錯誤一一彈對了。

我說：「你現在回家，要練習才不會忘記。記住禮拜五再來！」他說好。

我知道他不會讓我失望，但我也沒有忘記他只有十歲。送他走後，我為他禱告起來。禮拜五強尼來上課，他興高采烈地進來琴房。我點頭示意，他就彈了起來。

沒—有—任—何—錯—誤！我聽著聽著，覺得眼眶熱了起來。他一定很勤勞地練。

後來他媽媽說，禮拜三上完課，那晚強尼練了一個小時，直到他們叫他去睡覺。第二天早上一起來，也沒有吃早餐，又開始練習；下課後，直奔鋼琴。

就這樣，這小子在兩天裡把不可能的任務完成了！

他彈完了，我大聲拍手，說Awesome！

我告訴他，我很以他為榮。明天的比賽好好加油，盡力而為。他點點頭。我給了他兩張貼紙。

第二天就是比賽的日子。我無法前往，他一比完就打電話給我了。「老師，我得到優等獎。」他興奮地說。

我說：「太棒了。我很以你為榮！你很棒！」他謝謝我。

掛上電話，我想，真不能小看任何孩子。強尼讓我知道，**即使是十歲的孩子，也有創造奇蹟的能力。**

我的小天使

獅子老師，我們根本不認為你是「老師」啊，你是我們的大朋友啊！

瑪瑞上完鋼琴課，拉我到門前。「你看，明天會不會下雪？」我和她一起望天空，我說應該不會。

「我好希望下雪喔，老師。」我說下雪你們就不用上課了？

瑪瑞笑了說：「當然啊，那是冬天裡最令人期待的事了。不過，我真的很喜歡下雪，好神奇！你也喜歡雪吧？」

我搖搖頭說，其實我不喜歡下雪。話才一出口，就知大事不妙，因為瑪瑞一臉驚嚇。

「你……你說什麼？你不喜歡雪？怎麼會呢？下雪這麼美麗，這麼magical，你怎麼可能不喜歡？」瑪瑞震驚地問。

我說，你看看嘛，一下雪，路就不好開，去哪都不方便。而且，開車很危險，我看過很多雪地裡的車禍。即使不開車，有一次我把車子停在路邊，因為下雪路滑，車子仍被撞得稀爛。所以，我一看到下雪就緊張。我滔滔不絕的說完。

瑪瑞很受傷的問，難道你連一點點喜歡也沒有？一點點？

我說，OK，一點點有吧。因為下雪改變了整個世界，一片雪白，真的是很美麗的。

「不過，你還是不喜歡下雪？」瑪瑞不死心再問一次。

我說No。她哼了一聲，非常生氣，又不知道怎麼說服我，她擠出了一句：

「You snow hater！」（你真是個恨雪的人。）

她一說完，我們相看了一眼後，就大笑！

因為我不准他們說hate這個字，她竟然把它用在我身上。而這個名字實在也太爆笑了。Snow Hater，真服了她想出這個外號。

結果她下次來上課就送了我這張snow hater的獅子老師畫像。我一看又是好笑，又是感動！

她對我的描述，從右邊最大字開始：

她喜歡哈利波持

她非常仁慈
她勤練琴
她是台灣人
（左下）她教一群小朋友彈鋼琴
她會為你剪指甲，如果你要的話，她還會給你護手霜
她恨雪（用紅色色筆塗上顏色）
這點很重要！
她喜歡穿大鞋子，哈哈
如果你還不知道的話，她教鋼琴。

圖畫中的我直髮，一件T恤，一件牛仔褲。T恤上印著「Snow Hater」！

這幅圖畫成了我的最愛。我把它裱框，掛在牆上。

小朋友來上課，總會問我：「為什麼你會不喜歡雪？」那個表情，真的很困惑，又很可愛。讓我要「恨雪」都恨不起來！

在冬天裡，他們就自動把對我的稱呼改為Snow Hater。

小朋友很喜歡畫畫，有時候也會給我一些他們的塗鴉。上禮拜卡拉來上課，她說她畫了一張畫要給我。

她拿出來，我一看，兩個女人手牽著手，在手相疊之處，持了一朵花。右邊的女人黑色直髮（那就是我了），一件T恤和牛仔褲；而左邊的女人很漂亮，金髮碧眼，穿著一件長袍子。

右上角寫著：音樂是從天堂來的；而中間寫著：瑪麗遇見獅子老師。

我說，啊，畫得真好！我尤其喜歡那朵花。

卡拉說，那張畫紙是在琴房的小桌子裡找到的。她找到這張畫紙時，那朵花已經畫在那兒了，她就在左右加了我和瑪麗。

我問她：「誰是瑪麗？」

她說：「瑪麗啊，你知道她啊。」

我想了一下說：「我教的小朋友裡沒有瑪麗耶。你可能搞錯了。」

卡拉急急說：「你認識的啦，你知道的啊。瑪麗，就是上帝的媽媽！」

我聽了，愣了一下。瑪麗，喔！那個最有名的瑪麗——聖母瑪利亞。

「瑪麗遇見獅子老師」。我何等榮幸，可以遇上瑪麗。而今年我就把它做成了聖誕卡。

琴房裡的聖誕樹已經擺了起來，小朋友們來上課，幫我把吊飾掛了上去。他們幾個小朋友就聊起天了。

「數學老師真是兇！考試卷那麼多頁，誰寫得完？」強尼說。

「所以我最喜歡英文老師了。她最好。」翠西說。

「我也喜歡英文老師。我想她是我最喜歡的老師了。」湯姆附議。強尼也贊成。

我在一旁乾咳嗽，「咳咳，你們最喜歡的老師？怎麼沒有提到我呢？」我開玩笑的說。

他們聽了，一臉奇怪我為何會問這問題。

湯姆先笑了，他說：「獅子老師，我們根本不認為你是『老師』啊，你是我們的大朋友啊！你應該知道的。」

翠西在旁繼續掛吊飾，看都沒有看我說：「本來就是啊。我們的好朋友！」

強尼從五歲和我學琴，小小個子的他，現在身高比我高。他說：「No、no、no，她才不是我們的『大』朋友，你們有沒有搞錯？你們看。」**他站到我身邊，故意比了一下我們身高的差異，接下去說：「她是我們的『小』朋友。」**

雖然被他們這樣開玩笑，但是我心中非常感動，聽了好溫暖。

看他們掛起一個個天使，**其實他們才是我的天使！**

好友克麗思打電話來說要告訴我一件事。「我的小姪子在學鋼琴，我便告訴他，我的好朋友，你，獅子老師也是鋼琴老師。小姪子說他也知道獅子老師，她的妹妹是不是生病了？我很驚訝，問他怎麼知道。他說他們在學校，因為是天主教學校，有一堂宗教課，他們都會一起禱告。他的好朋友強尼每次禱告，一定會說：『親愛的上帝，請保佑獅子老師的妹妹。阿門。』每一天，沒有間斷過。所以我姪

子每天聽強尼的禱告，而知道了你和你妹妹。」

我在電話這頭，眼淚悄悄流下。

我把它擦去，謝謝她告訴我這個故事。掛上電話，我謝謝我的小天使們。

為了他們，我禱告，希望明天會下雪。他們知道我這個「恨雪人」為他們求雪，一定會很高興吧！

聖誕快樂！

You're my BIG-BIG friend
amanda.Lo

我的小太陽

堅穩的筆跡，傳達著多麼重大的訊息：希望，從不遠離。

上個月，我去了一趟紐約。當我用妹妹的MAC中文打字系統打一篇網誌，找字找得眼睛要凸出來時，手機響了。

「獅子老師！我是凱蒂！媽媽告訴我你來紐約，我也在紐約實習耶！要不要見面？」

「哇，真的嗎？太好了！當然啊。」我看看錶，也晚上七點了。我問她今晚可以嗎，她說沒問題。她在九十二街，我在六十八街。我們就約在七十街的地鐵站。

我把MAC收好就出門了。七月的紐約，晚上七點，天還很亮，而且還滿熱的。

我走到Hunter College地鐵站等她。凱蒂，凱蒂，想不到會在這裡和她見面！

凱蒂是我的鋼琴學生，她從小學四年級就和我學琴了。她非常用功，她來上課，一定是帶功課來寫，或讀。也因為這樣，她總是全學年第一名。

她人非常甜，臉上總是掛著一個微笑。**上完課，總是給我一個很大的擁抱，讓我感覺到整個世界的溫暖**。後來，我發現她就像一個小太陽，有她的地方，就有笑聲。

凱蒂說起話來很快，我都要很專心聽，不然會漏掉細節。後來，也習慣了。每次教完凱蒂，我說話也快了起來。先生有時候一聽，就問我，是不是才剛教完凱蒂。哈！

凱蒂常對我說，她知道她不是最美的女孩，也不像啦啦隊們那麼受歡迎，但她覺得也無妨。她有音樂和書，她就滿足了。

但對我來說，凱蒂像一顆寶石。她非常的真，她給你的是百分之一百的誠意。

一年聖誕節，她來上課，迫不及待地拿禮物給我，她要我馬上打開。

我打開，是一對鹽和胡椒的瓶罐，不過特別的是，這是她親手用陶土做的。她把它們做成高音譜和低音譜記號！我非常喜歡，我抱抱她，謝謝她。

她興奮地說，大家都知道她很努力在做這個要給我當聖誕禮物。哇，那大家的口風還滿緊的，我都不知道！

凱蒂說，這個很難做。她光是捏這個低音譜記號，就燒了三次，破了三次。好不容易燒好了，她又把它摔壞了。

陶土老師快被她煩死了，叫她趕快把它們拿給我，就沒事了。

我把它們擺在窗台上，她有些擔心地問我，會不會介意這些裂痕。

我說才不會，一點也不呢！

凱蒂上高中後，我的一個鋼琴學生布蘭登轉到凱蒂的學校，他們就變同學了。凱蒂來上課，提到的都是布蘭登怎樣怎樣；後來我發現她講到他的時候，臉上的光芒跟平常不一樣。我恍然大悟，凱蒂情竇初開了。

布蘭登彈得一手好鋼琴，在學校的音樂會上、學生的鋼琴演奏會上嶄露頭角。一次鋼琴演奏會，我坐在凱蒂旁邊，布蘭登在彈琴時，凱蒂看著他，一臉陶醉的神情。初戀是多麼浪漫，她的鋼琴王子。不過，我看布蘭登是毫無知覺的。

讓我想起小學時，我和好朋友小宜，禮拜天常騎了腳踏車，去書店，或到成大榕園做白日夢；不然，就在玫瑰花上寫詩。而轉頭看班上男生，他們下課不是去踢足球，一身臭汗，就是練習講髒話。他們最愛的課外活動，就是看誰可以把髒話三字經變五字經，還是成一個句子。

我們皺皺眉頭，覺得他們真的是臭男生。直到五年級時，一個轉學生從外地轉來，他略帶褐棕色的大眼睛迷倒了我們班上的所有女生。從此對男生有了不一樣的看法，我私下叫他小王子。

我偷偷當起月下老娘，牽了鋼琴紅線。在一年一度的學校才藝演奏會上，我讓凱蒂和布蘭登練了一首鋼琴四手聯彈。

我一直告訴他們，要找時間合奏。他們練得還不錯，我便順水推舟，偷偷為他們報名，參加面試。我說，反正就當練習。結果，他們竟然被選為唯一的鋼琴表演者。

他們剛開始很高興，後來想到，被選上後，得在一千多人的演奏廳演奏。他們直說上當了。凱蒂的媽媽泰瑞、布蘭登的爸爸媽媽和我，知道他們被選上後，大家的反應竟然都一樣，像瘋子一樣的尖叫。

在才藝演奏會上，凱蒂穿著一件黑色的細肩帶禮服，非常美麗，而布蘭登穿上燕尾服，帥得不得了。他們兩個站在一起，真是亮麗的一對。

泰瑞和我在後頭為他們準備。我說，他們看起來，真是登對。泰瑞擦擦眼淚說，啊，我的女兒真是太美麗了。

我們為他們照了相，我還自作多情的站在他們中間，照了一張有電燈泡的照片。至今還擺在我琴房。

他們出場了。泰瑞抓緊我的手，好用力，看來緊張的不只是我。他們坐下，開始了前奏。很順利，一切都很順利。

他們堅持要用譜，其實他們都會背了。布蘭登一再向我保證他翻譜沒有問題的。到了發展部，也是要翻譜的地方，他一翻，整個譜掉了下來，卡在琴蓋上。

換我很用力抓泰瑞的手。他們很鎮靜的彈完發展部，到了再現部，又要翻譜了，**布蘭登力挽狂瀾地，不只翻譜，還用迅雷不及掩耳的速度，把譜放回譜架上。**

我抿嘴微笑，這才叫才華啊！

演奏會成功、完美的結束。後來放春假，我想一個禮拜不見，他們兩個不知道有沒有跑去約會。

凱蒂來上課，上個學生比較遲走，所以凱蒂還等了一下。等上個學生一走，她看他走遠了，她把門關上。

我說：「嗨，凱蒂，那音樂會真是成……」還沒有說完，她抱住我，開始痛哭。我嚇了一跳，試著安撫她。「怎麼了？不哭，不哭。」我要去拿面紙給她，她也不放。我只好讓她哭個夠。我從來沒有看過她哭得這麼傷心。

等她比較平靜了，她第一句話說：「我恨學校。」我當場大笑。

我馬上道歉說：「凱蒂，我很知道你的，你愛學校，你愛上學。從小時候，你就是如此。記得你去參加田徑隊，去比賽。我看照片，大家都在聊天，說笑，而

有一個人就坐在觀眾席上啃書。有沒有？記得嗎？那是我的凱蒂啊！勤學好學的凱蒂。你不可能恨學校的。到底是怎麼回事？」

她低下頭說，春假的時候，他們幾個好朋友聚在一起，看電影。結果，她看到在黑暗中，布蘭登親她的好朋友亞曼達。

啊，慘，雙重打擊。這個嚴重了。在學校，他們已經是一對了，都走在一起。她看了就傷心啊。

噢，親愛的凱蒂。我抱抱她，輕拍她的肩膀說，我了解，我了解。

在我眼前，彷彿我又看到那兩輛腳踏車。那時小王子和我上了同一所國中，他住得比較遠，所以得騎腳踏車上學。每次放學，就看到他遠遠的，騎腳踏車要回家。而我家，離學校很近。走路十分鐘，用跑的五分鐘就到了。每次走路回家，就有點怨嘆家住得太近。

後來不久，就看到他不再是一個人騎腳踏車回家。他旁邊有一個女孩子，是我們班長。他們成了一對。

看他們兩個騎向夕陽，天涯海角。他偏向她，聽她說話；她的頭髮隨風揚起。他們都說些什麼呢？

我還記得那種傷心，所以我能夠告訴凱蒂，這一切都會過去嗎？是會過去的，但是不會忘記。

倒是泰瑞不能原諒布蘭登，也不能原諒亞曼達。

我說，凱蒂已經看開了，她告訴我他們又是朋友了。你要為凱蒂而原諒她的朋友啊。泰瑞說她會試試看。

在凱蒂高一那年，我就預言她會當上學生會長。學生升高三時，學校會做一個總評，成績最優秀，參與的課外活動最多，再加上人緣最好的學生，得以當選學生會長。

她笑說，她成績應該還不夠。我說，這樣好了。你上高三那年，要是你真當上了學生會長，我送你一個月免費的鋼琴課；如果你沒有當上，那我要一盒巧克力。她說好！

她升高三時，學校在畢業典禮上公布下學期的學生會長。我那時已經回台灣了。和爸爸媽媽去日月潭玩，遊山玩水後，我的手機上有一通留言。

「老師，我不知道這是不是你的手機。我是凱蒂。我要告訴你，我當選學生會長了！**謝謝你一直這麼相信我。我做到了！**」我聽了，好為她高興，也以她為榮。

在凱蒂高三那年的才藝演奏會上，凱蒂又被選上了。

這次她是唱百老匯的歌，是音樂劇Wicked（壞女巫）裡的一首歌叫《For Good》（永遠）。她一出場，有著一種成熟的美。

她說：「這首歌我要獻給獅子老師。謝謝你。」我一聽到，感動得不能自已。

她開始唱了，而我眼淚也開始流了。

（中文翻譯：感謝妹妹和下流美的幫忙）

我聽說，人生裡所邂逅的人，都是有因果的
他們讓我們學到東西
這些幫我們成長的人，引導著我們
如果我們讓他們幫助我們
我們也回報他們
我不知道我是不是相信我自己做得到
不過，我知道我之所以是今天的我
是因為我遇到了你

像一顆彗星，行經太陽，離軌道而行
像河流流經森林時，碰到了圓石

有誰可以說，我變得比較好？
但因為我遇到了你，我永遠的改變了

我們也有可能，這輩子不再相見
所以，讓我在我們分手前，這樣告訴你吧
你會永遠在我心裡，因為我從你身上學了好多
你像一個印在心裡的手印

不論我們的故事怎麼結束
我都知道，你是我的朋友，你重寫了我的故事

像一艘被海風吹離停泊之處的船
像在遙遠的森林裡，被小鳥叼落的種子
誰可以說我變得比較好？

但是因為我遇到了你
因為，我遇到了你
我將永遠不再一樣

凱蒂畢業了，上了最高學府哈佛大學。放假回來，凱蒂總會來看我。去年我跟她提到妹妹生病，我自己講一講，眼淚就不爭氣的流了下來。凱蒂抱住我，要我不要難過。她說她會為妹妹禱告的。

凱蒂回哈佛後，一天，泰瑞打電話來，說凱蒂有留一個禮物要給我，她要拿過來。她來了，她說她要先自首，因為她已經先把它打開看了。

我打開包裝紙，是一本筆記本。

我翻開，是密密麻麻的字，一頁、兩頁、三頁……我一直翻，她把整本筆記本幾乎都寫完了。

親愛的獅子老師：

這次回來，和你相聚，得知你妹妹生病。看你那麼難過，我也很難過。我希望能夠幫你一點忙。我想，有什麼是在我最傷心、難過時，可以安慰我的？那就是我的《聖經》了。但當你最需要幫助的時候，你不可能翻整本《聖經》去找你要的經文。所以我把所有我得到最大安慰的經文，抄下來給你。希望你可以得到一些慰藉。

凱蒂上

我讀完，淚流滿面。泰瑞也是，我們抱頭痛哭。

後來，那本凱蒂的筆記本，我帶去看妹妹。和妹妹每天讀一點，帶給我們很大的希望和力量。看著她每一頁的手跡，沒有亂過。堅穩的筆跡，傳達著多麼重大的訊息：希望，從不遠離。

其實，**凱蒂給我的，比我給她的多出很多。她才是改變我的人**，才是歌裡唱的：

你會永遠在我心裡，因為
我從你身上學了好多

你像一個印在心裡的手印
誰可以說我變得比較好？
但是因為我遇到了你
因為，我遇到了你
我將永遠不再一樣

站在地鐵出口等凱蒂。我想帶她去吃點好吃的，學生總是吃不飽。遠遠，我看到一個小太陽，向我急急地揮手，我也向她揮手。她在紅綠燈停了下來，她看來還是一樣美麗。

她等不及地一直在原地直跳。綠燈了，她跑向我。

加油，女孩！

我覺得你這次的經驗很寶貴。因為你一向所向無敵，每次上台都幾近完美。有了這次的經驗，讓你知道，上台時候，有了狀況，如何繼續而完成演奏。

換你上場了。裁判來帶你，你看看我，我給你一個鼓勵的微笑。你問我你看起來如何，你緊張的撥撥頭髮。我抱抱你說，你看來很好，You will be great！你深深吸進一口氣，往台上的鋼琴走去。

我趕緊找了個座位坐下來，你站在鋼琴前，向裁判及觀衆敬禮，我們拍手為你加油。

你坐下來搓搓手，調整了一下椅子，坐直了身子，把手放到琴鍵上，你開始了。海頓《C大調奏鳴曲》，優雅古典的旋律傾瀉而出。

這首曲子難在節奏的穩定性，由四分音符、八分音符、十六分音符不同的節奏變化，很容易讓人越彈越快，或越彈越慢。

當初建議你用節拍器練，我才把節拍器拿出來，但你好像看到中藥一樣，一直搖手搖頭，說No……我不要我不要。

我把節拍器打開，噠噠噠噠，為你數拍子。

你皺起眉頭，一副想反抗的臉，我看了哈哈大笑。

「快點，要開始了。一、二、三……」我彈了起來，你也跟了上來。

「喔，你慢了，喔，你快了。」我說。

「啊……」你大叫。

「這樣，你若可以在這禮拜用節拍器把它練得平穩，不超速，也不減速，我們就不用它了。」

「一個禮拜？」你問。

「對，就試試一個禮拜。」你才很不甘願的把它放進袋子。

但，聽聽現在台上的你，台風這麼穩，彈起來這麼不疾不徐。來了，我們練到要吐血的三度快速十六分音符。看你身子轉向右邊，準備要應戰般。

那個樂句彈得很好，我看到你偷偷微笑了，想必你也擔心那一段，我也笑了。

發展部，很多轉調，你彈得高潮迭起，一波接一波，聽得也有趣萬分。然後一個長達四拍的休止符。一、二、三、四。我知道你也在心中數，因為我們在琴房練習，我大聲為你數這休止符時，你抗議你要聾了。

「好，那你可以數這四拍，我就不鬼叫了。」要防止我鬼叫，你也馬上把這四拍休止符靜止的時間，處理得很好。因為發展部那麼精采，那麼緊張懸疑，一下停了下來。要收復那興奮，停那四拍休止符還有點困難呢！

再現部，你又穩定地再出發。我知道你將拿下這片江山。最後你以雄偉的C大調終止式結束奏鳴曲！

我想為你拍手，但這是鋼琴比賽現場。此刻三個裁判正埋頭苦寫，看樂譜寫下評語。鉛筆沙沙的書寫聲，在安靜的禮堂異常清楚。

你往觀眾席看，在找我。我向你揮揮手，你點點頭，表示看到了。

裁判問你下一首彈什麼。你回答，Baber的鋼琴組曲《旅途》（excursion）第一首。

那時給你這首曲子，你還滿興奮的，因為聽來很特別。

美國現代音樂有著一種開拓西部的不怕死的天真味道。沒有古典音樂幾百年的包袱，只有開闊的未來等著你。但你剛學這首曲子的時候，一來上課，就發飆了。

「老師，你知道這曲子聽來有多奇怪嗎？weird！真的很weird。」

我說，weird又如何？你哼了一聲，還是彈了起來。一面彈一面抱怨。「啊，就是這裡。你聽，怪不怪？」你說。

你忙著彈，還不忘注解：「還有這裡，什麼跟什麼？好奇怪啊。」

我說：「嘿，彈琴不要講話！」

這《旅途》第一首曲子很像火車，嘟嘟地開過西部原野，一望無際。火車機械式地開動，沒有慢下來過。左手八個低音沒有停息地一直輪迴，而右手介紹一路的風景。這首曲子難在左手不能因著右手而變快，或變慢，這樣機械式的感覺才能出來。雖然你一直抱怨，但我卻覺得這是你彈得最好的一首曲子。

我想那天真的西部精神，其實也滿接近你十五歲的青春：充滿動力，無畏懼。

火車開過原野，一直往天際開了過去，只剩下火車頭噴出的白煙，在空氣中久久不散，成了一條白龍。

太精采了！你彈畢，裁判又急急開始寫評語。

接下來是你的拿手好戲，蕭邦的《幻想即興曲》。這首曲子你練最久，也最穩。我看你也放鬆了不少，知道你會彈得很好。

記得你在學生演奏會上彈這首曲子，別的學生為你取個綽號，「吃我的灰塵吧！」（Eat My Dust）。意即你如一匹快馬，他們都跑不過你，只好望塵興嘆。

評審示意你可以開始了。你坐直了身子，把左手放在低音開始了！一下，你把我們帶到一八三四年蕭邦的巴黎，浪漫瑰麗的巴黎。

左手六連音對上右手八連音旋律，華麗富貴又帶點憂愁，非常蕭邦。

你問，這怎麼合？我說，勤練就對了。

左手和右手要合得沒有縫隙，讓人聽不出這是六對八。先練三對四，然後六對八。你還是練出來了，練好後，你愛極了這曲子。「我喜歡這個dude（傢伙），他好酷，我們是好朋友。」而你蕭邦彈得真是好。你學的第一首蕭邦《華爾茲》，就一舉讓你拿下區冠軍，那時你才六年級。

這一次你應該是可以穩拿少年組的前幾名，但是因為你的生日，早了截止日期幾天，今年報了青少年組，和高中生一起比。你非常不高興，我說怪你娘吧，早幾天生了你。你一點也不覺得我的笑話好笑，一直說你不要參加比賽。

我告訴你，青少年組的很害怕你要和他們一起比。你是個很大的威脅呢。

啊，這是我最喜歡的一段：在輝煌的第一段後，進入優雅的第二段，從升C小調轉到了降D大調。一下子好像小溪流匯入了湖中，有了歸屬。我聽得如痴如醉，你隨音樂的動感輕微擺動，完全融入了音樂中。

咚！你彈錯了一個音，把自己嚇了一跳。

我看你，處變不驚地繼續彈，但你的右手亂了，接不下去。你沈著氣，左手彈著伴奏，一次、兩次。我雙手緊握，你做得到的，接到第三段的開頭吧。只見你又開始了，你從第二段的開頭重新彈起，這樣也可以的，我心想。不過，那個小差錯擾亂了你的思緒。我祈禱你不要被它影響，把它彈完。

回到了第一段，這次會接到尾奏，雄偉結束。尾奏很難，因為音突然變出很多，而且又激情熱烈，很容易就自己加快了速度，而變得更難。

沒有問題，我看你手指飛快地又上又下，乾淨又俐落。漸漸減速，要結束了，低音奏出了回聲，如山谷的回音。一隻野雁子飛了出來，低鳴幾聲，飛走了。

你彈畢，站了起來。觀眾報以熱烈的掌聲。你敬禮，走出了會場。我也站起來，隨你出去。

一出會場，我高興的抱住你，說彈得很好！

我放開你，你撇撇嘴，眉頭一皺，眼淚就流下來了。

「喔，怎麼了？不哭不哭！」我趕忙安慰你。

你用毛衣的袖子擦擦眼淚說：「老師，我對不起你，我讓你失望了。」接著，你哭得更傷心。眼淚一直流，一直流，流下你的臉頰。淚水把化了妝的臉頰，劃下兩道水痕，也把睫毛膏搞糊了。

「我，我彈得……好爛啊。」你抽噎地說。

「聽我說，你彈得很棒。海頓，是你彈得最好的一次；Baber，非常好，是三首曲子裡最精采的；蕭邦……」我還沒說完，你聽到蕭邦，眼淚又流了下來。

「蕭邦也很好。我知道你彈錯了一個音，但你要知道，那個錯音一點都不影響你的演奏。我知道，裁判也知道。我們演奏，一、兩個錯音又如何？而且你要知道，你是個孩子，裁判也知道。你的演奏很有音樂性，技巧又夠，他們不會因為那個錯音而扣你分數的。」

我接下去說：「我們，我及裁判們都是學鋼琴的。我可以保證，**我們都在台上彈過錯音。重要的是你並沒有停止，你繼續彈，**而且**越彈越好**。在台上，那個錯音或許你聽來很明顯，但事實上，你一旦繼續彈下去，沒有人聽得出來的。而且，**音樂的可貴在於它有沒有音樂性，有沒有感動人；而不在它是不是沒有錯音！**」

你說你從來沒有在那個地方出過錯。

我說我了解，我聽你彈了這麼久，我當然知道。那就是演奏的神祕了。**在台上，那種緊張，讓你更專注，但也讓你脆弱。**

因為緊張，你的海頓和Baber彈得更好！也因為緊張，我們有了一些小差錯。我們要學到不讓錯音擊敗我們的信心。這些錯音讓我們知道，我們也只是人，不是機器，我們也有彈錯音的時候。我們要學著不讓錯音停在我們的心裡，要讓它隨空氣流逝。

而且，說實在的，我倒覺得你這次的經驗很寶貴。因為你一向所向無敵，每次上台都幾近完美。有了這次的經驗，讓你知道，上台時候，有了狀況，如何繼續完成演奏。

我說，這樣你了解了吧。不哭，好不好？你擦擦眼淚，說好。

我拍拍你的頭，我說你很酷，你看，你是最小的，彈的曲子並不比別人簡單，

而且又彈得這麼好。你總算有了個微笑。

你說：「老師，給我新的曲子吧。我等不及要學新的曲子了！」你精神來了。

我笑著說：「沒問題。」這就對了！這就是你，如西部精神的天真，但又充滿了動力，無畏懼。

加油，女孩！

The Winner Is……

我看她在微笑。那個微笑在告訴我，她愛極了這首曲子！她愛極了彈鋼琴！她很享受這個時刻。我看了那個微笑，眼眶紅了……

「得獎人是……」我緊張地握緊拳頭……

「嘿，老師，我帶了從日本寄來的餅乾喔，要和你分享！」密妮說。

我接過餅乾。「嗯，滿好吃的。」我說。

密妮說：「這是我們班上的日本朋友，搬回日本了，但我們都有聯絡。她常寄日本的零食給我呢，我都捨不得吃。像我們在吃的這包餅乾，已經放兩年了。」

我聽了，差點沒有把餅乾吐出來。「兩年？你要把我害死嗎？」我說。

她大笑。「不會有事的啦，上次給你吃的那個日本巧克力更久了。」密妮大笑說。

我問密妮對週末的鋼琴比賽還有沒有別的問題，我們為了Mountain States鋼琴比賽準備有一陣子了。密妮是八年級生，屬於六年級到九年級的中級組。密妮準備了莫札特的《幻想曲》、菲爾德的《夜曲》和卡查圖任的《觸技曲》。

密妮小小十四歲的年紀，就彈得一手好鋼琴，這也是第一次我帶學生參加這麼大的比賽。

密妮側頭，想了一下。「嗯，你想我頭髮要怎樣用比較好？要吹直呢，還是自然捲？」我說我喜歡她自然捲。

「好，沒有別的問題了。」我送她出門。

「那明天中午我去接你喔。」「好，老師再見。」我揮揮手。

密妮準備好了，如果她唯一的疑惑是頭髮要怎樣打扮，而不是任何背譜問題或指法。她沒有問題的！我目送她走，心裡很是佩服這個小孩。

密妮和我學了很久的琴。當年她才六歲，先和別的老師學了一個學期，後來轉來我這裡。她非常聰明，學東西很快。

當老師的，有一種特異功能，就是我們像算命仙一樣，看看小孩子彈琴的樣子、練琴的態度及上課的反應，我們大概就可以衡量這個小孩子能夠飛得多高，跳得多快。

很多時候，我們都很準的。只是有些時候，有一個因素沒有算好，就是小孩子對鋼琴的興趣有多高。即使小朋友很有天賦，若他們對鋼琴沒有興趣的話，也沒有用。

密妮就是這樣的例子，我判定她可以彈得很好，學得很好。但一年過去了，兩年過去了，她學得不錯，只是沒有我預期的快，沒有我預期的優秀。密妮悠哉悠哉地彈，快快樂樂地來學琴。

密妮很好玩，她手很巧，很愛塗她的指甲。每次來上課，我都愛看她塗了什麼。小小的、像紅豆小的指甲，塗了至少兩個顏色，至少一個花樣。

當然，我們也參加了一些小型的鋼琴比賽，密妮也都彈得不錯，都有拿到優等獎。

五年級要畢業時，密妮來上課，我剛好隔天就要回台灣過暑假了。我給了她一些曲子，她要臨走前說：「喔，對了。我明天要參加一個面試，考六年級生的爵士樂團的鋼琴首席位置。」

現在才說！我馬上給她惡補了音階，幫她聽她要彈的曲子。

我回台灣後，心裡惦記著密妮，不知道她彈得如何。

我記得我和媽媽去泡湯，把手機鎖在櫃子裡。泡完湯，在換衣服。衣服換好，把手機拿出來，有留言。我一聽，是密妮打來的。

「老師，我考上了鋼琴首席！謝謝你。」我聽了，在換衣間高興地跳了起來！

密妮上六年級以後，我們上到第四冊的教材。**神奇的事發生了。突然之間，或許曲子比較有趣，或許技巧比較難，或許她比較大了，不知道什麼原因，她突飛猛進！**每次密妮來上課，每首曲子都有練，而且練得很好，好到都背譜了。密妮也開始有自己的音樂意見。「老師，這個曲子太酷了！尤其是這一段……你看，我可以彈這麼快。」「老師，這首曲子太無聊了吧！你看，你聽……同意嗎？」

我又驚又喜！我故意給了她生平第一首蕭邦的曲子，也故意沒有說什麼，只說這是滿好聽的曲子。結果密妮來上課，整個人發光！

「Dude（伙伴），這個蕭邦太棒了！我們是好朋友了！那首《華爾茲》太酷了！」密妮坐下來，就彈了起來。沒有看譜。

我感動地偷偷掉淚。**原來，我對她的判斷沒有錯，只是需要時間發酵。**

密妮彈畢，我拍手鼓掌。我接下來教密妮rubato，彈性速度，即浪漫樂派的特色，當彈到一些樂句，速度上可以有彈性些，讓音樂有呼吸的空間。

密妮學得很快，讓我有種錯覺，好像她本來就會彈了，我只是提醒她而已。

那一年，密妮參加這一州的比賽。初賽她拿到特優獎，進而往州際音樂會前進。州際音樂會是由特優獎的學生再去比一次。最後，密妮拿到州際音樂會的唯一一個六年級的學生鋼琴演奏獎。她彈的就是她的第一首蕭邦！

「下一個學生，密妮。」密妮走出來了，我的心快要跳出胸口。她媽媽握住我的手。密妮開始了她的演出。第一首是莫札特的《幻想曲》。

我記得昨天密妮在彈時，一直抱怨：「Dude，你知道我這首曲子彈多久了嗎？一年了耶！都快煩死了。」

「彈琴不可講話！」

「喔，我好害怕你喔。」密妮假裝很害怕的樣子。

抱怨歸抱怨，我知道這首曲子太適合她了。她的音階彈得很好，而且快音她彈得很清楚。她開始了前奏，我聽到我的心跳，噗通噗通，之大聲的！她很有大將之風，不疾不徐。

接下來，是菲爾德的《夜曲》。密妮對浪漫派的曲子非常拿手。彈性速度詮釋得很得體，不會太矯情。不過她因為有一些緊張，彈得比平常快了些。

再來就是大曲子了，卡查圖任的《觸技曲》。密妮雄偉地開始了。一個很不和諧的和弦開始後，整個曲子就像一台機器動了起來，十六分音符快速地帶動了這首曲子。

密妮的速度比平常快了一些，我看她彈到這兒，已經沒有剛開始的緊張，有的反而是彈琴的快樂，然後快的地方慢了下來，中間這段是慢板。

我想起我們在練這段的時候，我要她彈浪漫點。

她說：「我不知道浪漫是什麼鬼，我才十四歲。」

我說：「浪漫……，嗯，就像哈利波特親張秋時那樣，不是很浪漫嗎？」

「噁心（Gross）！」她說。

我大笑：「對啦，噁心就是浪漫的另外一面吧。」

果然，密妮把慢板彈得很浪漫，像哈利親張秋那樣，我看到她在偷笑！她一定覺得這怎麼會浪漫？慢板後，又回到快板，這次，密妮兩手飛快地交替十六分音符。密妮彈得比平常快。我看她竟然在微笑。那個微笑在告訴我，她愛極了這首曲子！她愛極了彈鋼琴！她很享受這個時刻。我看了那個微笑，眼眶紅了……

密妮成功地結束，我們大聲拍手！

接下來幾個學生都彈得不錯。有一個小朋友看起來很小，不到四年級的感覺，但彈的曲子很大。我覺得彈得不是很好，就是把所有的音都彈出來，但音樂性不夠，而且她把所有的曲子都當快板在彈。我想，這樣是不會贏的吧。

最後一個小朋友，她一出場，我的天，她至少有十六歲吧！很高，而且她彈的曲子很難，是拉赫曼尼諾夫的《前奏曲》。我心裡有不大妙的感覺。不過，我想，若這個高大的女孩得第一名的話，也實至名歸！

密妮這時也進來，她悄聲坐在我身邊。我抱抱她。

密妮傾身小聲地告訴我：「這女孩子很棒。」我點點頭。

主持人進來了。他說今年比賽的小朋友比往常還厲害，他很難決定要如何選最好的。他先從榮譽獎開始。

「今年得到Mountain States的中級組榮譽獎的是——密妮！」密妮開心地跳下座位去領獎。我馬上為她拍了一張照片。

密媽媽很失望。「第二名，高大的女孩子。」什麼？我不敢相信自己的耳朵！那第一名會是？「第一名，小小女孩！」哇，大出我意料。

散會後，大家聚在一起，小朋友們說笑聊天。

密媽媽對密妮說：「榮譽獎也不錯啦，不用覺得羞恥。」我聽了快昏倒。什麼？羞恥？你有沒有搞錯？

我走過去，抱住密妮說：「我好以你為榮！你好了不起！很多大學生坐在我後面說，他們也在彈那首《觸技曲》，都沒有你彈得好！」

她大笑說：「我是很酷的小孩！」

我說：「是的，你不只酷，**在我心中，你是the winner！**」那些大學生也過來，拍拍她的肩膀，說她好棒。我退開，讓她享受這光榮。

密媽媽想和我說什麼。我說，這個小孩很棒。她聽了，也了解了。她點頭微笑。我們耐心地等密妮接受獎品，及讚美。

我看到這個音樂世界，為密妮打開了大門，正歡迎她的加入，而我們將是她呼聲最高的觀衆！

恭喜你，我的酷小孩密妮！

鋼琴裡的小王子

我暗暗發了誓，我絕對不生病，絕對不被取代。結果我真的沒有缺過練習，也沒有缺席過任何比賽。

密妮來上課，她是禮拜三晚上最後一位學生，時間從七點半到八點半。我從密妮六歲就開始教她了，而她也從一個綁馬尾、戴厚重眼鏡的小孩，變成窈窕淑女。一頭披肩的金黃色長鬈髮、燦爛的微笑、頂尖的功課，及彈得一手不得了的鋼琴。我說，你太酷了吧。她說，有什麼辦法?!

密妮悄悄地進來，等我上完上一位學生，我們像久違的母女擁抱。

她問：「你的部落格好嗎?」我大笑。從我開了部落格，我就逐週向她報告。

她聽完，都會和我擊掌，鼓勵我。而我也問她，十五歲的青春如何。

密妮會從她如何在早上起個大早，把她的那一頭鬈髮吹直開始。我都會說：「Cut！請跳過吹頭髮那一段。」

她會大笑說：「唉，你不知道，對十五歲的孩子，頭髮多重要。好吧，這禮拜我有兩場足球比賽，我們到外州去打，贏了一場。然後我們到panera bread餐廳慶祝，我點……」

「Cut！請跳過你吃什麼。」我說。

她又大笑說：「好吧。這禮拜西班牙課我們考西班牙的畫家，我考一百分。喔，對了，還有，我有男朋友了。」

我本來在喝熱茶，茶差點噴出來。「什麼？男朋友？」我問。

她笑說：「是的，禮拜一的時候，多了一個男朋友。」

我說：「禮拜一？什麼意思？他禮拜一問你說：『密妮，當我的女朋友吧。』然後你說，OK。就這樣嗎？」

她說：「唉，是啊。」

我說你嘆什麼氣。

密妮說：「老師，這好花時間啊。我不知道我說OK後，我得每天在晚上九點等他電話，然後講個二十分鐘以上。才第三天，我已經要受不了了，根本沒有什麼話好講啊！晚上九點是我一天中最喜歡的時段呢。我通常已經洗完澡了，選本愛看的書，躺在床上看到睡著。現在為了要和他講電話，這個樂趣就被剝奪了。唉！還有，不曉得是誰規定，男女朋友一定要牽手。我們昨天坐校車回家，就一路牽手，好奇怪。」說完，做了一個鬼臉，我在一旁笑得腰都直不起來。

密妮看我一點都不同情她，她又嘆了一口氣說：「唉！不知道我們什麼時候才會分手，好期待喔。」她說完，我們都笑了。

初戀，多麼可愛啊！

我說，我小時候喜歡上一個男孩子。

他說他放學回家，會很想我，想到不知道如何是好，就寫我的名字，寫了一頁。

我說完，臉紅了，好像又看到了那一張寫滿了我的名字的紙……。唉，我的小王子。

小王子是五年級才轉學到我們學校。他略帶褐色的大眼睛及一副桀驁不馴的神情，迷倒了班上的女生。我們是節奏樂隊班，我是彈鋼琴的，幾個好朋友彈風琴。而小王子是吹笛子，笛子手排在鋼琴的後方。

有一天，我發現，在擦得很亮的鋼琴板上，從反光可以看到小王子吹笛子的模樣。這真是太美妙了。我可以偷看他，而他不會知道。

每天我期待樂隊練習的時間。我把譜都背好了，所以不用看譜，可以看小王子。有一次，我發現小王子竟然也在看我。我心一慌，彈錯了。但小王子注意到我了，我心裡的快樂無法形容。

一天下課，我有琴課，便在教室練起琴。我彈的是巴哈的《C大調前奏曲》。

很簡單的和弦，但又很神聖。第二天上課，我發現我的抽屜裡有一張紙條：

「我很喜歡你彈琴的樣子。昨天那首曲子很好聽，是什麼呢？小王子上。」

我的心簡直要跳出胸口。我偷看他，他才剛到學校，一副很不在意的樣子和別的同學聊天。

我把那紙條捏得好緊好緊。「我很喜歡你彈琴的樣子……」啊，謝謝爸爸媽媽讓我學琴。那一陣子，我非常努力地練琴，因為小王子喜歡我彈琴的樣子。

我找了張紙，寫下：

「很高興你喜歡。那是巴哈的《前奏曲》。」

第二天到學校，我很緊張的走到我的座位。我把手伸進抽屜，摸到了一張紙條。我把它拿了出來，打開它時，我的心狂跳。

「昨天的夕陽，不知道你有沒有看到？在夕陽裡，我看到你的微笑。小王子上。」

一個好大的微笑，掛在我的臉上，一整天，一整個童年。直到現在，我只要想到那張紙條，還是不禁微笑。

有一天，樂團練習時，我發現彈風琴的小靜在彈鋼琴。我大驚，跑去問老師，怕我的鋼琴地位不保。

老師說，咦，當然要有第二鋼琴啊，要是我們去參加比賽，你生病了怎麼辦？如果有第二鋼琴，即使你生病，我們也不用怕沒有人彈鋼琴。

什麼？我是可以被取代的？

我如果不彈鋼琴，就無法看到鋼琴裡的小王子了。我暗暗發了誓，我絕對不生病，絕對不被取代。結果我真的沒有缺過練習，也沒有缺席過任何比賽。是的，愛情的力量很大。

但是，我也漸漸發現，小王子看我的倒影次數越來越少，終於，他不再看鋼琴了。他的目光轉到了彈風琴的小靜。

從鋼琴上可以看到小王子看小靜的神情，而我也可以看到小靜的微笑。

啊，我的心在滴血。小靜不用彈第一鋼琴，就可以擁有小王子的目光。而我的抽屜再也沒有紙條。

「然後呢？」密妮問。我說，就這樣啊，沒有然後了。

密妮說：「你的故事比我的精采多了。我多希望我也有一個小王子。」我笑了。

上完了密妮的課，送走了她，我關上琴房的門。我沒有如往常上樓，我坐下，彈起了巴哈的《前奏曲》。

我看看鋼琴的倒影，沒有，沒有小王子，也沒有稚氣的我的臉。沒有變的，唯一沒有變的，是悠悠的琴聲，以及彈巴哈的那個五年級午後。

而小王子，小王子只有一個。

他們都是愛你的，他們都支持鼓勵你，你好好彈。彈壞的話，他們一樣愛你。

我的信心湯

小麥姬一臉擔心，我問她為什麼。「老師，要是我彈壞了，怎麼辦？」

我笑著告訴她：「告訴你一個祕密，你若彈錯音，沒有人知道喔！真的。你爸媽或許知道，我知道，但我們不會告訴別人。而且，你只要繼續彈下去，把曲子彈完，就很棒，大家會為你瘋狂喔！」

她眼睛一亮，「真的？」

「真的。」我很篤定的說。她開心的笑了。

要開學生的鋼琴演奏會了，真是幾家歡樂幾家愁。

早就練好的，老神在在；沒有練的，現在大抱佛腳。抱不動佛腳的，我也不勉強，**我求的是他們有好的上台經驗**。所以，我特准了凱西可以看譜，也特准了蘇家姐弟今年不用上台。

我也發現那個禮拜，聽他們彈鋼琴的時間反而不多，而是為他們灌「信心湯」的時間多。

蘇菲亞上次的演奏會沒有彈，因為太緊張害怕。今年我看她準備得很好，很高興她要上台了。結果要開演奏會的前一天，她來上課。

「老師，我不要上台，我真的好害怕。」

我問：「你怕什麼？」

她看看我說：「我怕忘譜，怕彈錯音，怕接不下去……」

我拍拍她的肩膀說：「你想，觀眾不是家長們，就是你的朋友。他們愛你，我也愛你。**我們都為你加油，支持鼓勵你，而不是評估你彈得好不好**。看看台下，有他們；而台上，有我，我會在台上後方，和你一起。不要害怕！」

她又看看我說：「其實，我最怕我會讓你失望，我不要讓你失望。」我聽了心都揪了起來。

我握住她的手說：「你永遠不會讓我失望的，我非常以你為榮。你看，這麼多學生中，你是唯一要彈自己曲子的。你的歌聲這麼美，配上你寫的鋼琴伴奏，非常動聽，大家會很喜歡的。」

「真的嗎？」她怯怯地問。

我說：「相信我。真的，請相信我。」

演奏會那天，我早早到了教堂，佈置會場，也回答一些早到學生的疑難雜症。

蘇菲亞到了，她把我拉到洗手間。

「老師，我好害怕。」她一說完，就開始哭了。

我抱住她說：「深呼吸，對，乖孩子，就是這樣。聽好，我會和你在台上，你不是一個人孤軍奮戰，OK？」

她抽噎地說：「OK.」

我抱抱她說：「I love you！」她點點頭，擦擦眼淚和鼻涕，走了出去。

我清點人數，都到了，就開始了。**我在講台的後方，介紹要上台的小朋友，讓他們知道我也和他們一起在台上**。他們要上台以前，一張很認真的臉；彈完後，一個好大的微笑。那是一個成功的、很以自己為榮的微笑。我看了很感動。

因為，**這個看似小小的演奏會，教了他們，也教了我很多東西。我學到了勇氣**！雖然小朋友那麼害怕緊張，他們還是鼓起勇氣，上台、敬禮、演奏。看他們認真的神情，聽他們美妙的琴聲，我知道他們花了多少心血，我也知道他們有多緊張。但他們沒有逃走，還是他們想逃走，卻被父母押來。不管如何，他們都到了。他們演奏完畢，都會看看我。我都報以微笑，以示鼓勵。

換蘇菲亞了，我其實很緊張。**我希望她可以彈得好，不是為了我，而是為了她自己，這次的成功可以讓她更有信心。**

她害羞的敬禮，然後坐下，調整椅子。慢慢地，她把手放到鋼琴上，彈出了第一個和弦。

漸漸，整個教堂充滿了她的琴聲，她開口，唱出了她的歌。琴聲和歌聲融合在一起，我感覺到有什麼注進了她的身體，因為她唱得越來越大聲，而琴聲也越來越悠揚。我看觀眾為她著迷，小朋友本來無聊到要睡著，都端坐起來，專心聆聽。我越看微笑越大。是的，就是這樣，蘇菲亞。唱吧！彈吧！這個世界是你的！

她彈完，整個教堂為之瘋狂。她開心地站起來，敬禮。我也起立為她鼓掌。

換我了。我有一絲絲緊張，是的，我也是人，不是鋼鐵打的。趕快，趕快想想

我那「信心湯」是如何灌給小朋友的。

每次在我上台前，就開始責怪自己，是太閒嗎？小朋友開演奏會還不夠，自己也要彈一首。這也怪我，從開第一場學生鋼琴演奏會，我也都會彈一曲。

小朋友和家長都很喜歡聽我彈，有一次我自作主張把自己從節目單刪掉，差點引起公憤。

「咦，老師，你不彈嗎？那我們來幹嘛？」

「你們來支持小朋友啊！」

「我們每天聽他們彈還不夠嗎？我們來是要聽你彈！」大家笑成一團。

我深深吸進一口氣。「他們都是愛你的，他們都支持鼓勵你，你好好彈。彈壞的話，他們一樣愛你。」（開玩笑，我是老師，只能成功啊！）我把內心和自己交談的聲音切掉，站了起來，走到鋼琴前面，敬禮。

演奏會結束，大家高興地照相。蘇菲亞變成明日之星，被大家包圍住。我看了很高興。

她跑來說：「我做到了！」她抱住我。

「他們說很喜歡我的歌聲，也很喜歡我的鋼琴演奏！」

我說：「我真以你為榮啊！」

她說：「老師，我愛你。你知道嗎？你的內在真美麗。」

我眼眶微溼，我說：「你更美麗！」

你是唯一

我親愛的小女孩，長大是一門很大的人生課程。
你慢慢來，我們會在這裡，守護著你。
我只要你記得：愛你自己，因為，你是唯一。

親愛的小瑪麗安，你今天來上課，依然給我你慣有燦爛的微笑，但你的眼神卻黯淡了不少。

我擔心地問你，還好嗎？

你說，還好。你低下頭。我抱抱你。

你說：「今天班上的女孩子，不知道為什麼都不和我說話，把我孤立起來。好像莉莉和大家說了我的壞話，結果大家都相信她，而不理我。」

啊，我的年少時光一下洶湧而至，原來二十多年前帶給我的傷害，並不減當年。

你那麼的小，你的世界就是學校，學校同學和老師是你的整個世界。你每天滿心期待地去上課，和你的同學一起。你們做什麼都在一起：上課、吃午飯、課外活動、一起踢足球……他們是你的重心。

但，有一天，你發現你最好的朋友竟然出賣你，到處說你的壞話。

你的心碎了。為什麼？

你哭腫了眼，睡不著。只想怎麼去贏得他們的歡心。

我問你，對不對？

你睜大深棕色的眼睛看著我，問我怎麼知道？

我親愛的小女孩，因為我也曾經這樣心傷。不管媽媽怎麼安慰我，老師怎麼開導我，我想他們不會了解的。沒有人了解我，其實，連我自己都不了解我自己。

我一心一意只想讓班上的同學喜歡我，我跟他們坐在一起，說他們喜歡聽的話，甚至附和他們說別人的壞話。

現在想想，如果，如果我可以重來的話，我要多愛我自己一點，不去在乎出賣

親愛的，
長大是一門
很大的人生課
題。你慢慢
來，我們會在
這裡，
守護著你

我的朋友。如果他們對你不好，他們不配做你的朋友。

你點點頭，很專心地聽著。

「所以，老師，我今天都沒有和他們坐在一起，我一個人吃午飯。我想，你們去講吧，反正那不是真的。我知道我是個好小孩，才不管他們怎麼說我。」我拍拍你的頭。

很難。我知道。**記住，愛你自己。這是首要！**

你接著告訴我，你的生理期也開始了，你好沮喪。

我說，這是好事。我記得我生理期剛來時，好高興。

你皺皺眉頭，問我為什麼高興？

我笑了。我想，好像看大人可以穿高跟鞋一樣吧，是一種長大的象徵啊。

「可是，很煩耶。」我看看你，昔日的小女孩，已經比我高了，瘦長的身子一下挑高不少。

我說我記得，十三、十四時，有一天我醒過來，發現我的手臂一下子變得好長。我走起路來，覺得大家都在看我，覺得好不自在。你終於笑了。

當然，後來對生理期的來臨覺得煩死了。我說，我最怕生理期來，身上沒有帶任何衛生棉。

你說你也好怕。

我說，你很幸運，和我一樣幸運。媽媽就在同一學校當老師，你有問題或不適，馬上可以找到她。對不對？你點點頭。

我記得那時，我生理期剛來，書包裡，媽媽都會為我準備衛生棉。同學們很壞，當我不在時，喜歡來翻我的書包。

一次，我從外面回來，他們竟然把我的書包整個倒過來，衛生棉掉在地上。我一面哭，一面把東西放進書包。

「為什麼？他們為什麼這樣做？」你問。

我真的不知道，或許他們是好奇吧。但我也原諒他們了，畢竟他們也和我一樣年少無知，他們也不知道為何要這樣做吧。

我親愛的小女孩，長大是一門很大的人生課程。你慢慢來，我們會在這裡，守護著你。我只要你記得：愛你自己，因為，你是唯一。

天生反骨（一）

瑜亮情結是一場沒有人可以為你解開的競賽。

我相信，瑞哥會永遠是瑞弟的英雄，而瑞弟，會永遠朝著這個他認為達不到的完美境界前進。

「老師，我們的計謀成功了！瑞弟告訴我，他想要讓你教。」瑞媽在電話那一頭興奮地說。

「太好了！」我說。

大約兩年前，瑞媽打電話給我，看我有沒有空，可以教她兩個兒子。我說目前沒有空缺，但一有的話，我會告知她。總算在暑假有了空缺，我打電話給她。她說瑞弟已經和別的老師開始學了，所以只有瑞哥要學，我說沒問題。

其實這樣也好，兄弟才無從比較起。

瑞哥是四年級生，沒有學過鋼琴，但他非常聰明，而且他學琴、練琴的態度，簡直是個完美的學生。我說的每一件需要注意的事項，他都牢記在心。

當他發現背了曲子後，得到的貼紙是兩倍，從那以後，他就把所有要練的曲子背了起來。瑞哥來上課時，很得意的把譜拿給我，表示他不需要譜。

一次，瑞哥在院子裡玩，不小心摸到有毒的藤類，整個身體過敏，發腫。瑞媽打電話來說，瑞哥過敏到臉也腫得很不舒服。

我說，那就休息一次。

她說，喔，你不了解，我打電話來，是要告訴你，即使他現在看來像鐘樓怪人，而我們也勸他休息，他卻執意要去上課。我打電話是要警告你，他看來很恐怖，但不會傳染。

我笑了，瑞媽也笑了。因為我們都了解瑞哥的個性，及他對鋼琴的熱愛。

瑞哥來上課，我倒抽一口氣，鐘樓怪人的形容詞是客氣了些。

瑞哥眼睛腫得只剩下一條線，而且臉腫到有了裂痕。可憐的小孩。不過，他擠出一個微笑，表示他沒事。

我說：「好，我們開始了。」他高興地彈了起來。

瑞哥的鋼琴彈得越來越好，即使瑞媽和我努力地不讓哥哥和弟弟有比較，弟弟還是發現了。他比哥哥早了一年學，但哥哥彈的東西比他難，他聽得出來。

他問媽媽，這是怎麼發生的。

媽媽說，沒有的事，你也彈得很好。後來，要是親戚朋友來，弟弟就不肯表演了。再後來，弟弟越學越沒有興趣。

本來，不用催弟弟練琴的，現在他不喜歡練，而且藉口很多。一方面，瑞媽很喜歡我的教學方式，所以希望我也可以教瑞弟。

為此我們開了很多次座談會。我們同意不同的老師，造成的衝突會比較小。但，她覺得我的教法，更適合瑞弟。

我們也想好了，瑞弟和瑞哥的時間一定要錯開。即使爸爸媽媽得分兩次載他們來上課，他們也願意。**我們盡力要把這個瑜亮情結減少到最小。**

課表都排好了，瑞弟卻不肯來我這裡上課。

「獅子老師是哥哥的鋼琴老師，我自己有自己的鋼琴老師，為何要我去和哥哥的老師上課？」瑞弟問得也沒錯。

我們又開了第一千零一次座談會。

「怎麼辦？」瑞媽愁容滿面地問。

我們想了很久。我說有了！這樣好了。「我們讓瑞弟覺得要和我上課，是他的決定。你下次帶瑞哥來上課，也帶瑞弟來。讓他無形中『旁聽』我的課。有幾次我會提早一點下課，製造機會給瑞弟。我會問他現在在彈什麼，要不要彈給我聽。」

她說，嗯，這個意見很好。

我接下去說，然後我們安排他上一次課，就說瑞哥無法來上課，看他要不要來彈給我聽。

瑞媽說：「你真是天才。」我們大笑。現在就希望這個計畫可以成功。

果然，瑞弟來陪哥哥上課，本來，他一點都不care。後來，我要他彈給我聽，他發現，他還滿喜歡我這個老師。後來，他陪哥哥來上課，我發現他偷偷在等我問他要不要彈給我聽。

終於，一次，和哥哥下課時，瑞弟很慎重地宣布：「我覺得，我想和獅子老師學琴。」瑞媽盡量掩飾心中的喜悅。只說：「喔？是這樣嗎？好啊。我打電話問她有沒有空缺可以排給你。」

瑞弟和我上課後，我發現他其實也學得很好。只是手勢需要改正，不然像脫韁的野馬。

我說，瑞弟，你在練琴以前一定要大聲告訴自己：Gentle！他笑。

我說，還是要我改名叫你Gentle？他笑得更大聲。

弟弟好像認了，反正他比不過哥哥，他就好好學。

我一再告訴他，他這個年紀，可以彈到這個級數，很棒。他把我的稱讚當耳邊風。我說：「嘿，我稱讚你，你得說謝謝。」他不好意思地說，Thank you。

後來，我每次稱讚他，他說 Thank you 的聲音比以前大聲，而且有信心。

我要他彈給學校的老師和同學聽，他告訴我，他們都很喜歡他的演奏。我說，所以，你看，你也彈得這麼棒！

一次，他來上課，忘了帶譜。瑞爸責備他不負責任，轉身回家為瑞弟拿譜。

瑞弟一臉做錯了事的表情，他說：「可是，可是，我每一首曲子都有練，而且都背起來。」我說，很好！

我問他有沒有被禁足過。他說有啊，兩次。

我問，那哥哥呢？

他說：「老師，我哥哥是個完美的小孩。他從來沒有做錯過任何事，從來沒有被禁足過，以前沒有，現在沒有，未來也不可能有吧。」我聽了，頓時覺得他所背負的瑜亮之爭重量，比我想的還嚴重。

當哥哥姐姐的，其實多幸運。只是比弟弟妹妹早了一些日子出生，就得到了弟弟妹妹的崇拜。也不是一定哥哥姐姐比較行，而是他們有的其實是時間上的利益。早了幾年學，當然比較行。而瑞哥，雖然晚學，但他又比瑞弟大，學得比較快。

可是，怎麼和弟弟解釋，他覺得哥哥是近完美的模範，而他是常出紕漏的弟弟。

事情，卻有了意外的發展。

完美的瑞哥這個學期，彈得還好。我在為他選演奏會曲子時，猛然發現，他彈的曲子，不比弟弟難，而弟弟彈的曲子，並不簡單。

哥哥這學期，上了六年級，比較忙。忙踢足球、忙社交、忙功課。他還是在乎鋼琴的，但那熱忱及衝勁大不如前。

我打電話給瑞媽，告訴她我的最新發現。她很驚訝，我也驚訝。

我不禁想著，瑜亮情結是一場沒有人可以為你解開的競賽。我相信，瑞哥會永遠是瑞弟的英雄，而瑞弟，會永遠朝著這個他認為達不到的完美境界前進。從他們出生的那一刻，這個形勢就已經決定了。

瑞弟來上課，我告訴他，他彈得真的很好，他笑笑。瑞哥來接他下課。他們跟我說謝謝，然後一前一後跑出琴房。

我看著他們。一個會是永遠跑在前面的，而另一個會是永遠追在後面的。這，就是他們的人生。

孤單的鋼琴老師

我跟她說：「我們來達成一個協議。從今天開始，你來上鋼琴課，就不能說sorry。你越說會越沒有信心。Ok?」

從學院回到家，電話答錄機閃個不停。我按了下去聽。

「老師，我們今天不能去上課，因為教練突然宣布了一場足球賽……」

「嘿，老師，我是強尼。今天不能去上課，我的冰上曲棍球季開始了。對了，我們需要改上課時間……」

「老師，我們的啦啦隊得去為足球隊加油，所以今天不能來上課了……」

我嘆口氣，抄下這些「黑名單」。

運動，真是鋼琴課的剋星。其實，我不反對小朋友參加運動活動。我們也提倡「德智體群」，樣樣兼顧，這樣未來的主人翁才能成為社會的砥柱。

美國學生大概一學期會參加一個運動活動，低年級的還好，競爭不會那麼強烈，小朋友也當是遊戲般，跑跑跳跳運動。但一旦他們進入高年級，這些運動活動變得非常競爭。學校安排的練習與球賽，往往時數超過所有學校的活動。

他們參加任何一種運動球隊，無論是游泳、啦啦隊等活動，每天下課後，會有一到兩個小時的練習。一個禮拜會有兩場以上的比賽，有時候這些比賽是在外州，往返要一、兩個小時以上。算下來，一個禮拜就花了至少十五小時在運動上。我問他們花了多少時間在鋼琴上，答案絕對不會是十五小時。我了解學生也有升學壓力，以後申請大學，這些課外活動都是很重要的。

有一位媽媽，是從菲律賓來的外科醫生。她向我抱怨，美國學生運動活動要求之嚴格。她問：「美國小孩的頭腦是長在腳上嗎？」我們大笑。

你，
長大想當
什麼呢？

通常好不容易排好的琴課，就因為運動活動的時間而需要改變。還有媽媽是這樣要求的：「老師，你一定得幫我們改時間啊。因為強納生的冰上曲棍球賽季節開始了，你知道參加那個球隊有多貴嗎？我們沒有去練習的話，就浪費了錢耶。」

因為這些活動，有些學生就不得不把鋼琴停下來。當然，**每次這樣的情形發生，我總會覺得可惜。但，我不能為他們決定什麼是比較重要的。**

而沒有因為運動活動停課的學生，有時候也會停課，因為運動傷害。足球的運動傷害最多，不是扭到腳，就是手臂或腿骨折，也有打籃球傷到鎖骨的。所以每次看他們打球，我都會在心裡為他們捏把冷汗。

我只有一次干涉學生打球，那次密妮要參加一個鋼琴比賽，前一天她有籃球練習。我很小心地建議說，可不可以不去那次的練習，要是球打到手，那我們這幾個月的心血就付之流水了。謝天謝地，她很聽話，至少讓我比較安心。

所以，我盡量配合他們的運動時間，他們也盡量調整，倒也相安無事。他們有時也會邀我去看他們的球賽。

直到有一次，在去年的鋼琴演奏會，我公布了日期和時間後，開始接到一些電話，要我考慮改日期。

後來，我才知道，我犯了大忌：我選的那天是密西根州立大學和俄亥俄州立大學的足球賽，還訂在同一時間。我哪知道對這些死忠的球迷們而言，那是世紀大賽。演奏會照常開，只是有些爸爸「因故」不能前來。我覺得很對不起小朋友們，他們辛苦的成果，卻敵不過足球賽的魅力。

另外一位學生媽媽知道後，安慰我說：「你這還沒有什麼，上次學校有個『父女之夜』的舞會，竟然訂在足球超級盃那個禮拜天，還同一時間，那才慘！一堆爸爸來和女兒跳舞，還偷藏耳機聽球賽！」

有了上次的教訓，這次開鋼琴演奏會，我破天荒，上網查美式足球賽的時間表，希望找一個日期和時間是不會撞期。

我一面看美式足球網頁，有點唏噓。美國太沙文式的運動文化，把別的藝術活動逼到死角。舉例來說，美國一年就有至少兩部以上的電影是有關運動的，有一部一定是和football有關，而反觀別的國家，日本有連續劇《交響情人夢》、台灣有周杰倫《不能說的．祕密》、義大利片《我錯過一拍的心跳》、法國片《伴奏家》、

德國片《Vitus》……當電影媒體也發揚音樂，這對整個文化其實有一股推廣的力量。

我找到一個好日子，只差沒去擲筊。打電話去教堂訂了場地，接著e-mail給大家。我把注意事宜印出來，拿到琴房貼。學生莎拉走進來，我要她幫忙。

莎拉今天沒有穿制服來上課，我問她為什麼。她說今天是career day（看你長大想當什麼，就穿他們的衣服來上課），所以不用穿制服。她說很多人打扮成醫生、護士、足球隊員（當然）……

莎拉剛和我學時，是個很害羞的女孩。她彈一彈，彈錯了，就馬上道歉。一首曲子下來，說了至少五個sorry。

我跟她說：「我們來達成一個協議。從今天開始，你來上鋼琴課，就不能說

sorry。你越說會越沒有信心。OK？」

她低頭說：「Sorry。」

我說，哈，你犯規！她馬上改口說：「I am NOT sorry！」我們大笑。

後來，她來上課，真的很努力不說sorry。我發現莎拉對自己越來越有自信。那個sorry，和那個害羞的女孩，已經是過去式了。

她問我，老師你長大想當什麼？

我大笑。歪頭想了一下說，不是當鋼琴老師的話，我想當心理醫生，不然，可以在博物館工作也很棒。

我問她：「那你長大想當什麼？」

她有點不好意思地說：「我要當鋼琴老師！」她說完，很高興地看著我。

我才驚覺她穿得跟我一樣：襯衫和牛仔褲。

頓時，孤單的鋼琴老師覺得，或許，這個音樂世界並不如想像的寂寞。

我抱住她說：「謝謝你。」

黃鶯要出谷

法文課、女性作家文學、心理學……這些都會讓你成為更好的音樂家。

這個學期來了很多新生，其中不乏主修未定的學生。但不是布蘭妮，她已經很篤定決定要主修馬術。

當我第一次發現學院有這樣一科主修，覺得好有趣。馬術學生當然學騎馬，學馬的生理構造，參加騎馬隊等等。學院的後山坡就是馬廄和騎馬場。

布蘭妮剛來的時候，其實滿享受當一個馬術主修學生。雖然從馬背上摔下過幾次，左手還被釘上鐵架固定，她也頗怡然自得，等手傷好後，繼續騎馬。

後來放聖誕節的假，她回到康州的家，和爸爸去聽《歌劇魅影》，然後，當她陶醉於Phantom和Christine的歌聲中，有什麼慢慢被打開了。接著，一發不可收拾。

看完《歌劇魅影》，她告訴爸爸她要換主修，她知道她想做什麼了——她要到百老匯，唱音樂劇。

她回到學校，大一的第二學期，她馬上找了聲樂老師，告訴他她要改主修。聲樂老師當然很樂意幫助她，也為她選了鋼琴課，但因為她已經選了馬術的課，有的課就無法改。這就是她第一次來上鋼琴課，告訴我的心路歷程。

我覺得好有趣，一個騎馬的女孩子，被音樂Phantom吸引了過來，而棄馬奔向繆思。

我歡迎她，也告訴她，**有一個夢和理想，學習的路走起來，會更踏實和充實**。而且學音樂，不管主修是什麼，鋼琴都很重要。

後來，她來上課，我發現她對學校的抱怨越來越多。她抱怨課很無聊，她只想唱歌，什麼都不想做。

「I just want to sing.」她也不喜歡老師給她的義大利歌曲。

聲樂老師跟她說，**你總要有一個開始，不能一開始就唱大曲子**。她聽不進去。而鋼琴，她也沒認真去練，比我鋼琴大班課的學生還不行。

放春假前，她來上課，她非常高興地告訴我，她要轉學了。她要轉回她家鄉的大學，一來她想家，二來那邊的學校比較大。

轉學要考轉學考。問題來了，轉學考試要考的科目她都沒有修過：音樂史、試唱、聽寫、樂理……而且她的鋼琴兩手還無法一起彈。

她問我意見。我說，你只能盡力。那邊的學校也只是要看你知道多少，進去後好安排課程。我大概給她講解了一些很簡單的樂理，像和弦、調性、音階等等。

看得出來她一點概念也沒有，因為她沒有修過任何音樂的課。我只能盡量幫忙。

春假過後，大家都臭著一張臉來上課。一來，很多學生都跑去墨西哥，或南美洲度假，比老師玩得還兇。二來，日光節約時間開始，我們少掉了一個小時。春假後的禮拜一，大家都像殭屍一樣，黑眼圈比貓熊還大。

布蘭妮來上課，也是貓熊一隻。她告訴我，她沒有考上。她是有被錄取，但不是音樂系。她又不願意去當不是音樂系的學生。

所有布蘭妮的老師，都知道她覺得我們學校太小了。

我了解，我們不是州立大學，我們只是私立的學院。但很多學生很上進，畢業後，有一半的畢業生，繼續深造。有的是拿全額獎學金讀法律研究所，有的是讀醫學院。我們音樂科有一個聲樂學生，畢業後，甚至考上哥倫比亞大學的法律學院。

另外，我們音樂科裡有一位學生，很優秀，才大二，現在已經是我們鎮上教堂的音樂總監，彈管風琴和合唱指揮。**不管多小的學校，總有東西可以讓你學！**

但布蘭妮說，她覺得日子過得很沒趣，她被困在這裡。每天她只想唱歌，對別的課沒有興趣，也不想去。

我問她修了哪些課。她說：「喔，就那些很無聊的課啊，上了都會打瞌睡。有法文課、女性作家文學、心理學和騎馬課。都沒有音樂課。我只想唱歌。我相信我可以成為百老匯的歌者！」

我跟她說，這些課，雖然不是音樂課，但她可以學到好多。法文，學聲樂的人都知道，他們一定會學法文chanson。而且多學一種語文，只有利沒有弊。女性作家文學，也很有意思，你現在不上，以後你可以去哪上這堂課呢？心理學，這就不用說了。我每次看電影，或電視，最愛看演心理醫生的角色。我真希望自己就是那個聽病人躺在沙發上，對自己問題侃侃而談的醫生呢。

我說**這些課，都會讓你成為更好的音樂家**。

她不置可否地看著我。我跟她說了一個故事。

在德州讀書時，我們有一位客座教授Viardo。他得過德州有名的泛克來文（Van Cliburn）的鋼琴大賽金牌。他那時剛到我們學校，每個月只來一次，上示範教學。

每次上示範教學，那一帶的鋼琴學生，都從別的縣市、學校蜂擁而來，為的是聽他上課，更希望有機會可以彈給他聽。

V教授是俄國人，聽他彈琴，是人間一大賞心樂事。一次他彈舒伯特的《小夜曲》，我竟然悄悄流下淚。聽他上課，那更是精采。他的比喻、他的示範，都讓大家受益匪淺。

有一次是排給附近的高中生的示範教學。這些高中生雖然年紀小，但彈的曲子都很大。那是個高中女孩，她彈柴可夫斯基的《鋼琴協奏曲》。她的老師彈第二鋼琴（管弦樂部分）。

她彈得很好，那曲子很難，她可以彈真的是不簡單。她輝煌地結束她的演奏，大家奮力地鼓掌。

然後大家眼光都轉到V教授。他閒閒地坐在直立式的鋼琴前，帶著一抹神祕的微笑。

他走向那個女孩子，她緊張地把譜拿給他。他沒有拿。

他只問她一個問題：「你有讀過《西遊記》嗎？」（沒錯，他真的用中文講《西遊記》。）大家都為她緊張。

我想在場沒有幾個人知道《西遊記》是什麼，是吃的，還是用的？現場一片死寂。

然後他又發了第二炮：「《紅樓夢》？」沒有人敢呼吸。

我用氣音問坐旁邊的吉米，他是V教授的嫡傳弟子，他知道這些書嗎？

他用氣音回答我，他正在讀《西遊記》。

V教授最後一炮：「《卡拉馬助夫兄弟》？」啊，慘。

那女孩子第三度搖頭，頭越搖越無力。

V教授看都沒有看她說：「這些書你都讀完了再說。」

大家心裡都在想，等一下一定要殺到圖書館去借這些書。

其實後來想想，V教授有些太誇張了。他還是有很多東西可以教那個無辜的小女孩。他只是覺得她太小，而無法了解這音樂吧。

「所以，布蘭妮，這些課你好好上。再六個禮拜，不算長，也不算短的時間，你還可以學到很多東西。而且，你不去上課，你的成績就肯定不會好。成績不好，你以後要轉學也不好轉。你愛唱歌，繼續唱，繼續努力。你想修樂理、音樂史，可以去旁聽，或是去買書來自修。你可以做很多事的。」不要只是坐在房間裡，唉聲嘆氣的，到最後什麼都沒有做，但這些我就沒有說出口了。

我說我們彈琴吧。她開始彈練了很久的《划、划、划、划你的船》，還是一樣划不到對岸。我也沒說什麼，拿起鉛筆寫上：「下次背譜。」不出狠招，她不會練。

黃鶯要出谷，要先變成黃鶯。要變成黃鶯，要先從學生開始。**做一天學生，讀一天書，不是蹺一天課喔。要去上課，才會成功。**

男孩不哭

一個擁抱的力量，勝過言語許多許多。所以小朋友很喜歡擁抱。他們教了我擁抱的美妙。

幾個禮拜前，一個下午我正在做菜，電話響了。我看來電顯示，是我的婦產科麗安醫生打來的。怎麼了？我趕快接起來。

「嗨，是獅子老師嗎？」

「是的，嗨，麗安醫生，你好嗎？」

「我很好，你呢？」

「很好。」我嘴巴這樣說，其實我心跳得很快。為何打電話到我家呢？上次看診問題嗎？怦怦怦……心跳大聲得我都可以聽到。

「喔，你記得上次你來看診，我們的對話嗎？」喔，no，我們的對話？我們談什麼？趕快想。是什麼呢？

「你說要是我小孩想學鋼琴，可以打電話給你。」哈利路亞！！謝天謝地。是要學琴！不早講，害我細胞死了一堆。

我很喜歡麗安醫生。婦產科的醫生很難找到滿意的，你希望她具醫術經驗，但又善解人意，讓你可以對身為女人，一些你不好意思啓口的問題，可以看進她淺藍色的眼睛對她說。她聽了聽，很了解你。她點頭，說幫你看看；或搖頭，說不要擔心。

我送了麗安醫生一張我的鋼琴演奏CD，她聽了很喜歡。麗安醫生也彈鋼琴的，

一個擁抱的力量
勝過言語
許多許多
許多。
amanda.Lo

家裡有一台大鋼琴。大兒子四年級要升五年級，最近學了小提琴後，開始對鋼琴有興趣。他會自己去彈，就坐在鋼琴前，自己摸索，彈得還滿像一回事的。

麗安醫生問我，要是他學小提琴，又學鋼琴，會不會太多？

我說，我有一些學生也是學兩種樂器，他們好像都學得不錯。

「不會搞混嗎？」她問。

我說：「不會的。**不要低估小朋友的潛力**。」接下來，她面有難色的說，如果她的小孩和我學鋼琴。她要我了解，小提琴將會是他的主要樂器。

我有一點訝異。要是媽媽已經告訴小朋友，你雖然學兩種樂器，但鋼琴只是附屬的，小提琴才是主要的，那小朋友會想，那我就不用太認真練鋼琴。在起點上，你就已經要小朋友「隨便」學學鋼琴就好。

我婉轉地說，如果他有興趣，讓小朋友試試鋼琴吧。若他學了以後，學不來，再說了。

家長有時候，一開始就壞事了。

帶小朋友第一次來學琴。第一件事，在小朋友面前對我說，老師，我們鋼琴只

是學個興趣，所以先讓你知道，我們並不要成為鋼琴家，還是什麼的，學校功課還是第一。

這一下子就破功了。小朋友已經從這一段簡單的話了解到，父母並不要他們太「認真」地學鋼琴。所以，以後也不用太努力練琴。

我了解功課的重要，也了解那是主要的作業。只是，**你學一樣東西，至少，給自己一個機會，給鋼琴一個機會。看你們可以多match吧！**

話說回來，麗安醫生的兒子，自己要求要學琴，所以，我們就安排了上課時間。麗安醫生帶安迪來上課，安迪很害羞，話不多。我帶他認識環境，那裡是廁所（這對小朋友很重要，需要去上廁所，不用經過我的允許），這裡是畫畫桌，這裡呢可以排拼圖。

介紹完了，我們開始上課。安迪已經有了一些基礎，上起課來，好像在飛一樣快。我期待下一次上課。

安迪來了。他媽媽說，他這個禮拜練得好勤。我說太好了，等不及要聽他彈。麗安醫生便走了。

安迪一進來，我問他好不好。他站在鋼琴旁，開始啜泣了起來。

我問怎麼了，他說頭痛。他漲紅了臉，低聲哭泣了起來。

我看過很多小朋友哭泣，都是很大聲。但安迪的哭泣，很不一樣。他的淚水一直滾下來，他要大聲哭泣，又不敢，他還把嘴巴捂起來，不要出任何聲音。我看了也好為他難過。

我過去，要抱他。他退後一步，然後他把兩手架在胸前，比了一個手勢，搖搖頭。我好訝異。那個手勢是說，不，我不要你抱。請你走開。

一個擁抱的力量，勝過言語許多許多。所以小朋友很喜歡擁抱。他們教了我擁抱的美妙。

一個夏天不見的學生，進來琴房，兩手臂打開，一個滿懷的擁抱。

「啊，我好想你。」

「我也是！」

「有沒有練琴？」

「哈，沒有。」也有小朋友進來，受了委屈，還是種種原因，他們告訴我怎麼了，**他們哭、他們流眼淚。我輕輕抱抱他們。上課上課，彈完琴，上完課，又是笑臉一個**。

我教琴這麼久，還是第一次被拒絕擁抱。我們僵立站在琴房。我說，這樣吧，我去倒一杯水給你喝，你看要不要坐下來。他點點頭。

我上樓到廚房，倒了一杯水給他。他接過去，慢慢喝了起來。

「我彈琴給你聽，好嗎？」我問。他點點頭，已經比較不哭了。我彈了一首蕭邦的《夜曲》。他安靜地聽，喝著水。

我坐過來，問他要不要彈琴。

他說，明天好嗎？他頭很痛。我說OK。

我問他喜歡上次練的曲子嗎？他說他每天都有練琴。

我問，要不要打電話給媽媽，讓她來接你，我們再安排補課。他豆大的眼淚又掉了下來，他說好。

爸爸媽媽有時候看小朋友不舒服，就直接取消課了。我想，麗安醫生心裡應該也是想，安迪只是頭痛，應該可以上課的。

我打電話給麗安醫生說，安迪很不舒服，看她能不能來接他。她說她馬上到。我帶安迪到大門去等他媽媽。

麗安醫生來了。安迪一看到媽媽，又開始哭。她安慰他說，沒關係，我們下次再上課。我揮手，和他們道別。

小孩子的淚水，我真的一看就心軟了。我想，我也嚇到他了，我們還不算熟，我就要去抱他。一切都需要時間，鋼琴是，感情也是。

乖，男孩不哭。

艱難的一戰（一）

我希望他們可以一直彈下去，不為他們的媽媽而彈，也不為我而彈，只為自己而彈。

晚上卡拉和強尼來上課，他們是一對姐弟。

卡拉從七歲開始學鋼琴，弟弟那時才四歲，乖乖的跟來上課，很安靜的在一旁畫畫。卡拉很甜，上完課，第一件事是抱我，跟我說謝謝。沒有人教她，她發自內心的擁抱，那是最無價的報酬了。

後來，強尼五歲了，媽媽卡蘿想說讓他也試試看學鋼琴。卡蘿對強尼說，你看姐姐怎麼做，你就怎麼做。

他來上第一堂課，頭髮梳得很整齊，我打開門，說：「強尼，歡迎！」他一把抱住我的腿。（因為他很小，整個小人兒抱住我，也不過到膝蓋。）大家都笑了。

他們學得很好，尤其是強尼。我常跟媽媽說，那都是姐姐的功勞。他「旁聽」了那些年的課，都有聽進去呢！姐姐學得很好，但是，弟弟後來居上。慢慢的，媽媽的讚美都到了弟弟身上。我開始很小心地，要他們知道我對他們的愛是一樣的。

可是，我一個禮拜只和他們相處一個小時。有很多時候，我不在他們身邊。

今天他們來上課。卡蘿說她必須和我談一談，她說她「受不了」強尼彈的曲子。她說聽了「想吐」。

我愣在那裡。第一，我們再兩個禮拜就是學生演奏會了。第二，我都不准小朋友對音樂這樣不尊敬，而卡蘿媽媽竟然就在小朋友面前做嘔吐狀。第三，我最生氣的是，這首曲子還是她在我的反對之下，跑去買譜，然後要她的小孩彈這首曲子的。

卡蘿媽媽那時說我給的曲子，她聽不懂，別人也聽不懂。她要他們彈比利．喬（Billy Joel）的音樂。我說，這些由歌曲改編成鋼琴譜的通常都不好彈。她說就

試試看吧。於是，卡蘿媽媽自己決定了小孩子的曲目，把我當陽光、空氣和水般透明。

好吧，既然她這麼堅持要他們學比利．喬，我就選了適合他們程度的兩首曲子。卡拉彈《My life》，而強尼彈《Moving out》。

卡拉的手還不夠大，彈八度滿難的，但我看得出她為了要取悅媽媽，她一直說手夠大，不痛的。我還是為了卡拉改了幾個地方，不用彈八度。而強尼，兩三下就把曲子學好了，還背了起來。我想等卡拉背好，也就沒問題了。誰知道卡蘿媽媽竟然說她受不了強尼那首曲子。她要我彈給她聽，看看是因為強尼的彈法讓她想吐，還是這音樂本身就不好。

我隱忍住心中的怒氣，我深呼吸一口氣說：「強尼彈得很好，而且他已經背好了。音樂會上，他會彈得很棒。」卡蘿媽媽卻硬是把譜湊到我眼前，就像霸王硬上弓。

我彈了起來，才彈了一行。瞬間，卡蘿媽媽又把譜拿走了，她下定論：「是音樂不好。你彈的也讓我想吐。應該是這些砰砰砰的和弦，讓人家聽了很不舒服。而且，這聽起來，像三歲小孩在彈的。我看，讓他彈上次比賽的曲子好了。」

我兩個月前就是這樣建議的。此刻，我的頭應該在冒煙了，但我看到強尼期待的眼光。

他在期待我給他一首他媽媽不會吐的曲子，一首他彈了，媽媽可以到處炫耀的曲子。卡拉倒是很安靜地在一旁看書。

我問強尼還記不記得比賽的曲子，他急忙地點點頭，我還沒有開口，他就叮叮咚咚彈了起來。

好小子，一個音都沒有少，也沒有錯。我為他拍拍手。

他問：「老師，我可以彈這首去參加比賽嗎？」我說當然可以。

他鬆了一口氣，而卡蘿也鬆了一口氣。後來卡蘿說有事要出去一下。她一走，我馬上跟強尼說：「我要你知道，雖然你媽媽不喜歡這首曲子，並不表示你彈得不好。你把一首很難的曲子學得很好，而且彈得也很好。我認為觀眾會很欣賞你的演奏。不管是比利．喬，還是比賽的曲子。」

他點點頭說：「我也覺得我比利．喬的曲子彈得很好，只是媽媽不喜歡那首曲子。」

我們複習了幾次，強尼就完全沒有問題了，而且我們還有時間學了一首新的曲子。

後來換卡拉上課，卡蘿媽媽也進來了。卡拉開始彈比利．喬的《My Life》，彈得不錯，只是因為她手小，有時候為了要搆著八度音，她會停頓一下。停頓了多次，聽起來，就有點不順。

卡拉彈完，她先看媽媽，而不是看我。卡蘿媽媽沒有看她。

我說：「卡拉，你彈得很好啊。這些音我們再複習一下就可以了。而且我們還有兩個禮拜呢。」

卡拉很擔心地看著我說：「老師，你想到時候，我可以彈得順嗎？」

我摸摸她的頭說：「一定可以的。」她一直回頭看她媽媽，我看了很心酸。

下課時間到了。卡蘿媽媽知道自己理虧，沒有怎麼和我說話。倒是小朋友還是數年來如一日，來抱我說再見和謝謝。

我想對卡拉說：「不要放棄，媽媽也是愛你的。」

我想對強尼說：「加油，你要好好愛姐姐。」

我緊緊抱住他們，摸摸他們的頭說：「好好加油！我愛你們！」

看他們走出我的琴房，我希望他們可以一直彈下去，不為他們的媽媽而彈，也不為我而彈，只為自己而彈。

媽媽，你慢慢來

約書亞上台，台風很穩健，很有演奏家的氣勢，我知道他是彈給媽媽聽的。

約書亞來上課，才五年級的他，在暑假時一下挑高了不少。我本來是低頭看他的，現在他好像比我高了。

我開門讓他進來琴房時，打量了一眼，他說嗨。我說你何時又長高了。他臉上沒有平時的笑容，只是禮貌性地點點頭。我問他怎麼了？

他低下頭說：「媽媽罵我，說我都不整理房間，說她的生活一團糟，而我們沒有幫她，我明明都有整理房間啊……」他的眼角泛紅。我拍拍他的肩膀。

我說：「約書亞，你是個大孩子了，對不？你也知道媽媽做治療有多辛苦多累，我也相信你和姐姐很乖，都在幫她。所以呢……」

我想了一下說：「我想媽媽或許今天不大舒服，所以把氣出在你身上。而你知道嗎？就因為你夠大了，所以媽媽可以把你當她的出氣筒。你就聽她唸吧，這是你幫她的方法。」

約書亞聽我說著說著，用袖子擦擦眼淚說：「我知道了，我是大孩子了，我做得到！」

我說：「很好！你看，上個禮拜你才這麼高……」我比了一下高度，「而今天你已經是小大人了！」他總算笑了。

「那我們演奏會要彈什麼呢？」他坐上鋼琴凳子問我。

我打開譜說：「就這首《小步舞曲》，好嗎？」他點點頭，開始彈了起來。

我看著他略帶稚氣的臉，其實很心疼他。

約書亞的媽媽洛萍是我的鋼琴學生，前幾年因為腦部受傷，為了復健和我學了一陣子鋼琴，而變成好朋友。放了暑假後，她都沒有和我聯絡，我打了很多次電話給她，都沒有回音。後來九月要開學了，她才打了電話給我。原來她多年前得了癌症，一切都在治療後控制得很好，結果那個夏天癌症復發。

「世界整個顛倒了，我哭了一個禮拜。一個禮拜後，我站了起來準備要打這一戰。我的家人和朋友都很支持我。我不久要開始接受治療了，他們為我安排孩子上課接送，及帶我去醫院的事宜。我做得到的！」她在電話的一頭說。

我聽了很震驚，問她：「洛萍，我們住得這麼近，有什麼我可以幫忙的，請不要客氣。」

她馬上說：「有的，你可以為我做一件事，我兒子約書亞想要和你學琴。」

「真的？那太好了！我馬上看看課表來排課。」

「記得，他沒有練琴的話，可以修理他。」她說完大笑。

我記起才剛做了晚飯，問她要不要我帶一些過去。

她問我做了什麼，「義大利肉醬麵。」

「拜託，我昨天才剛吃過，下次做個不一樣的吧。」她說。

這就是洛萍，硬漢一個。

以前她和我上課時，告訴我她當律師的風風雨雨，我常聽得目瞪口呆，太精采了。「所以，我告訴那個son of b……如果他要這樣做，沒關係，去啊，然後看我怎麼把他毀滅。哈哈哈……」

她的故事比什麼「洛城法網」精采一百倍，因為都是小鎮風雲人物的故事和八卦。她看我聽得這麼入神，要我付她「八卦新聞」費。

約書亞來上課，簡直是洛萍的化身，壯壯的，但很斯文。一堂課下來，反應很快，舉一反三，初級課本一下上了一半。我和洛萍報告，她也很高興。

約書亞很愛開玩笑，耍小遊戲。一次他來上課，說我欠他錢。「你上個月向我訂了童子軍的餅乾，都沒有付我錢耶，老師。害我用我的零用錢為你先墊。」我聽了非同小可，馬上去拿錢給他。

他接過錢，拿出一包餅乾，已經打開了，吃得剩下了兩塊。

「對不起，我好餓，就把你的餅乾打開了……」我啼笑皆非說，沒有關係。

這一說，他笑得不可開交。「哈哈哈哈，騙你的啦，你根本沒有向我買餅乾，這是我的餅乾，哈哈哈哈……」

後來，附近的小朋友來上課，都興奮地說他們去洛萍家的泳池玩，怎麼好玩。洛萍還為他們做了游泳證，學生拿給我看，還滿像一回事的，有姓名、照片和注意事項。我打電話給洛萍說，太不公平了，我沒有游泳證。她大笑，要我寄照片去，她馬上做一張給我。

萬聖節，洛萍更為小朋友們準備了豐富的糖果，把自己打扮成綠色的巫婆，小朋友最愛到她家去玩「不給糖吃就搗蛋（trick-or-treat）。」

不過，硬漢遇上化療，也是束手無策的。她聽來一次比一次疲倦，後來，打電話過去，都是電話答錄機。倒是約書亞沒有缺過課，他們的家人做到守望相助，他上課下課，家人一定等候在側接送，學費沒有遲繳過。

我知道洛萍要大家盡量過平常的日子。約書亞會告訴我今天是誰送他來上課，「我的保鑣！」他很得意地說。後來我才知道「保鑣」是他的教父。

我問保鑣教父洛萍好嗎，他告訴我洛萍每次去醫院，都不像病人，她都帶一疊書去分送給比她更需要的人，她會去安慰也在做治療的病人和家屬，告訴他們這一切都會過去，因為他們要勇敢地奮戰。

約書亞來上課，笑容比較少，眉頭比較緊。我都會特別關照他一下，他有時會多說一些，有時會沈默不語深鎖眉頭。

一次，他終於告訴我，因為他媽媽做化療掉頭髮，學校同學嘲笑他媽媽是禿頭。

我的胃一下緊縮，好像被人打了一拳。

我告訴他，小朋友不懂事，原諒他們。

他說：「我好想揍他們，真的好想。不過，我告訴他們，他們的媽媽沒有像我的那麼有愛心！」我眼眶紅了。

我告訴他：「是的，你說得好，你的媽媽是最有愛心的，而且我知道，她非常非常愛你。」

療程告了一個段落，洛萍在家休息。後來，我聽說她感冒了，結果感冒拖太久，變肺炎住院了。約書亞有一陣子沒有來上課，我聽別的小朋友告訴我，我才知道的。後來，約書亞來上課，拿了一些現金給我，要付學費。

他很希望可以彈鋼琴演奏會，雖然他缺了一些課，他希望我可以通融一下，讓他彈。我說沒有問題。我們選了曲子後，練得不錯。他頗興奮，我教他怎麼上台，怎麼敬禮，他很用心學。上完課後，我問他有沒有別的上台問題要問我。

他說：「老師，我好希望……」他說完，頭低下去。

「怎麼？告訴老師，沒關係的。」

「你可以為我禱告嗎？希望媽媽那天有體力可以來聽我彈琴。」我說當然。

正說著，洛萍走了進來。

我好吃驚看到她，我起身抱住她。她緊緊抱著我。

她戴著一頂帽子，臉色略微蒼白，但精神還不錯。

我問她好嗎？她說不錯，下個月有一個小手術。「沒問題的啦！」她擺擺手說。我把學費還給她說：「洛萍，我知道你們最近很忙，沒有來上課，雖然沒有先前取消的課，學生必須付學費，但這個學費你就拿回去吧。」她手擋在我手前面。「你收下。這是你琴房的規定，我不要你為我而改變你的原則。而且，獅子老師，我……」她看著我，眼神很堅毅說：「我不要你把我當病人。」

這個眼神讓我羞愧了，是的，我把她當病人了。

我一直很痛恨在醫院陪妹妹時，醫生和護士進來看妹妹，把她當病人。她是藝術家啊，沒有人關心她的本質，只關注在她服用的藥。我多希望有人會問她是做什麼的，而我現在犯了同樣的錯誤。

我說：「對不起。」洛萍拍拍我的肩膀說：「謝謝你教約書亞，我們很期待他的第一個鋼琴演奏會喔。」

演奏會那天，約書亞由保鑣教父帶來會場，他神色緊張地告訴我說，媽媽可能會來，也有可能不會來。

我告訴他，我們會錄影，所以她沒有來的話，也可以看到他的演奏。他點點頭。演奏會開始，我上台歡迎大家，在此時我看到了洛萍，由她爸爸扶持進來會場。我向約書亞使個眼色，他轉頭看到媽媽好高興。

約書亞上台，台風很穩健，很有演奏家的氣勢，我知道他是彈給媽媽聽的。

演奏會結束，大家都很高興地談天說笑。我看到洛萍坐在後排的位置，我走到她身邊讚美約書亞，第一次上台就彈得這麼好。約書亞站在媽媽的身邊，洛萍笑說，下次約書亞就要開個人演奏會了，還要收門票。我們大笑。

洛萍說：「來，兒子，扶我一把吧。」約書亞馬上靠過去，扶媽媽起來。

他說：「媽媽，你慢慢來。」我讓出位置，也試著要扶她。

她說：「沒問題，我可以的，我有一個很棒的兒子，我可以靠他。」約書亞笑了，那微笑，燦爛千陽都沒有它耀眼。

和我說再見

最重要的是，我希望他們以後想起和我學琴的日子，是快樂的，是充滿笑聲的。

小麥奇由媽媽牽手進來琴房，才六歲的他害羞地躲在媽媽身後，用他圓滾滾的大眼睛打量著我。這是小麥奇的第一堂鋼琴課。

我對小麥奇說嗨，媽媽說：「這是你的鋼琴老師，過去，和她說嗨。」他忸怩了一下，小心地走到鋼琴旁邊，故意從離我最遠的距離坐進鋼琴凳子上。

我不禁笑了說：「放心，我不會把你吃掉。」小麥奇害怕地看著媽媽，我們都笑了。我大概介紹一下指法和音名，要小麥奇動動手指，我們從最基本的《生日派對》歌開始。

這時麥媽媽說話了，「你不是應該從節奏開始嗎？我看某某老師是這樣教小提琴的，他們第一首曲子就學會了《小星星》呢。」她說完，就移開琴架上的約翰·湯姆遜教本，坐在麥奇身邊彈起《小星星》。

麥奇看看媽媽又看看我，無所適從。

我很是驚訝，還沒有家長這樣「大膽」，在我和學生面前當起老師。我好脾氣地告訴她，「這位太太，你看到的是鈴木教學法，而我用的是另外一套教法，請你讓我用我的教材。好嗎？」

她不以為然地說：「原來你不是用鈴木！」

我說：「初級我是用這本和Bastien後，接下來用Faber，你有別的建議我也會參考。不過，初級我是用這兩套。」我很堅持地說。

她悻悻然地看著我，嘆了一口氣，沒說什麼，站起來坐到後面的沙發上。那個表情好像在說：「唉，誤上賊船了。」而我也覺得很尷尬，要是她很執意我用鈴木教材，那當初面談時就應該和我討論的。

其實一個教室裡，只能有一個「執權者」，當兩個執權者都有意見，那小朋友會很困惑。我很高興麥媽媽坐下來了，我再繼續。

小麥奇除了手指還不大能彎好彈，第一堂課還學得不錯。當他們走後，我心想有兩個可能：一是麥媽媽會打電話來不學了，要換別的老師；二是他們來，麥媽媽會像慈禧一樣，垂簾聽政，那就很麻煩了。到了第二堂課，麥媽媽很乖地坐在琴房後面，沒有像上次發表意見，麥奇的課得以平安繼續。

麥奇一路學了下來，學得滿快的，而且熟了後，還會和我有說有笑。一次，麥媽媽打電話來，告訴我麥奇週末有足球賽，還告知了地點。後來，麥奇來上課，問我知不知道他要媽媽告訴我足球賽的原因。

「我希望你來看我踢球啊。」麥奇圓滾滾的大眼睛看著我說。

當然，小朋友們喜歡玩耍，有時候玩到一半，得去上鋼琴，心情會不好。我也曾經是小孩子。

amanda.Lo
MUSIC
IS NOT ABOUT
PERFECTION,
BUT
EXPRESSION.

麥媽媽帶麥奇來上課，我看他的表情知道他不大高興。他不肯坐上鋼琴凳子，麥媽媽恐嚇說：「你再不開始彈琴，我就叫獅子老師把你的課延長。」

我聽了倒抽一口氣說：「麥媽媽，彈琴是好事，你這樣說，好像琴課是種處罰呢。」我問麥奇怎麼了，他說和朋友玩得正起勁。

我說，你把功課都彈給我聽，就可以回去繼續和朋友玩了。他聽了，就開始彈了起來。

麥媽媽真是很令人頭痛的家長，麥爸爸也是。一個孩子學琴，他們意見多到可以寫一本書：「麥奇演奏會的曲子太簡單、太短……麥奇為何還在彈這冊教材？你為何沒有讓他練音階？你為何沒有讓他彈貝多芬？為什麼？為什麼？為什麼？」

我很想回答說：「因為麥奇沒有很認真練習，所以不能選太大的曲子、因為他沒有花很多時間在鋼琴上，所以我們還在這本教材，沒有教音階，是因為對他來說還太難……」而**我真正要說的是：「孩子讓我教，請信任我。」**

麥奇一年年長大，琴學得還好。每次開演奏會，惡補幾個禮拜，也都可以順利上台。小型比賽，他也參加過幾次。但當麥奇上了六年級後，我發現他越來越沒有精神，看來很沮喪。我問他怎麼了，他遲遲不肯告訴我，說我不會了解。我說好，你不願意說，我也不勉強你。後來他終於告訴我，「老師，我其實對鋼琴沒有太大的興趣，我很不想學了。」我問他有沒有和爸媽談過。

他皺起眉頭說：「老師，你又不是不知道我父母，他們一心一意要我彈琴，我怎麼抗議都無效的。」

我想想，這孩子也很賣力，沒有興趣的事也學了這麼多年，對一個孩子來說真的是難為啊。我想為了不浪費他和我的時間，也不浪費他父母的學費。我告訴麥奇，我會和他爸媽談談。

他很高興。「老師，不是我不喜歡你，而我真的也試過了。」我點頭。

在電話裡，麥媽媽不讓我說完話，她說：「老師，你不肯教我們家孩子就說一聲吧。」

「麥太太，請你公平些，我從來沒有拒絕過任何孩子。麥奇學得不錯，也學了很多年。你提供他這個機會，他也試了，我也試了。如果他沒有興趣，我覺得這樣下去，只會扼殺他對音樂的興趣。」

麥太太出狠招了，「只要你肯教，我們就讓你繼續教！」

我掛上電話，覺得我是和一面牆在溝通，真的是一點辦法也沒有。

可憐的麥奇來上課，原本高瘦的身子，卻無精打采、彎腰駝背地走進琴房。我說我們來學你愛彈的曲子，你想學什麼，我們就彈什麼，於是我們學了很多電影配樂的鋼琴曲。麥奇喜歡《007》，我們幾乎每一首主題曲都會了，《007》變成麥奇的招牌曲子。

一次上課，麥奇遲到。進來時是媽媽陪著進來。麥奇看來很生氣，情緒很不穩定。他不肯看我，而麥媽媽坐在另外一張椅子上。

麥媽媽神情詭異地看著我說：「老師，你覺得麥奇這次在演奏會上的《007》彈得如何？」我看看麥奇，他負氣地頭撇向一邊。

「不錯啊。」我回答。

她故意提高聲音說：「不錯嗎？那你會說他彈得可以拿到……一百分？」

我想這是什麼意思？一百分？我本來就不贊成家長這樣評斷小朋友的演奏。

其實在演奏會上，我還都要大家跟著我唸一段誓言：

「Music is not about perfection, but expression.」（**音樂不在求完美，而在求表達自己**。）現在麥媽媽卻希望我說出違背我原則的話。

那時的氣氛很僵，但第六感告訴我，回答麥媽媽有做到一百分對麥奇比較有利。所以，我把我的原則吞下肚說：「是的，他彈得很好，有一百分。」麥媽媽笑了，可是麥奇沒有笑。

「是這樣的，我們答應麥奇，若是他這次演奏會拿了一百分，那他就可以不用繼續學鋼琴了。所以，老師，我們不學了。」麥奇頭這時低了下來，我發現他在擦眼淚。

我說：「是這樣的啊？好啊。麥奇也學了很久，我一直很以他為榮。」麥媽媽說所以這是最後一堂鋼琴課，她等下會來接他下課。

麥媽媽走後，好一會兒我們都沒有說話。我遞給麥奇面紙，他接過去草草擦乾眼淚。麥奇終於轉向我說：「老師，媽媽昨天答應我她會打電話和你提不繼續學鋼琴的事，我不知道她沒有告訴你。而今天學校下課後，我以為我們要回家了，媽媽來接我，說要給我一個驚喜。結果，她竟然開到你的街道，轉進你的車道！我問她這是什麼驚喜，她說沒有啊，只是開到這裡。後來她停了車說，哈，騙你的，你得去上鋼琴。」

我聽了非常生氣。沒有人規定小朋友一定得學鋼琴，我希望和我學的孩子，不管學的時間長短，都可以多多少少學到一些。而最重要的是，我希望他們以後想起和我學琴的日子，是快樂的，是充滿笑聲的。

麥媽媽是把麥奇騙到我的琴房，這對他、對我是多大的傷害？

麥奇一定覺得很難堪，他不希望他媽媽在他的面前和我談這事，所以他要求她打電話給我。麥太太並沒有這樣做。

當學生無法和我學琴的時候，通常是家長直接和我聯絡。理由很多種，不外是功課太多了，無法負荷，或志不同道不合……不管如何，我們都好聚好散。

有時候是小朋友自己打電話來和我說，這個更有勇氣，更顯示了他們尊重我，希望親自和我說明白。

我平靜下來說：「麥奇，你不學了，我一點都不生氣。我只是很抱歉你今天得來這裡，因為你以為這事都處理好了，你沒有預期來上課。我了解你的感受。這樣好了，你不想彈琴的話，我可以彈我現在在練的曲子給你聽，當我的聽眾如何？」

出乎意外的，他說：「老師，我想把我學過的《007》都彈一次，你覺得呢？」我說很好。我們就從《金手指》彈到《女王密使》。

時間到了，我把譜蓋上說：「Good job.」麥奇抱著譜，要走出琴房的門時，停了下來。

麥奇看著我說：「老師，謝謝你。**我知道我不是你最好的學生，但我這些年學了很多，雖然我不再學了，並不表示我不會再彈琴。你教給我的，我都記住了。**」他走向前和我握握手。就這樣，麥奇走出了我的琴房。

一天亞倫來上課，他說：「猜猜誰來看你？」我一看，是麥奇。他們進來琴房，兩個大孩子把天空都遮住了。

「哇，你好高了！」麥奇咧開嘴開心地笑。

「老師，你好！我只是要來看看你，跟你問好。」我很高興看到他。麥奇一掃以前彈琴的憂鬱小生的樣子，他背伸得更直，站得更挺。

「老師，我這個禮拜和亞倫有足球賽，你要來看喔。」我說好的。麥奇向我揮手再見，我也向他揮揮手。

麥奇，和我說再見後，你要更好。

麗莎的《夢幻曲》

唯一能讓她釋懷的，只有再上台一次，以忘掉過去不愉快的經驗。

當麗莎告訴我她要學舒曼《兒時情景》組曲裡的《夢幻曲》時，我不是不驚訝的。

大約五個月前，我接到一通電話，是想和我學琴的，在問完我的背景及教學計畫後，問我收不收大學生。

我習慣性的問：「你小孩多大？」她不好意思的說：「是我自己要學的。」我馬上大大的歡迎她。我告訴她我最喜歡「大學生」了。這便是麗莎，她告訴我她是來完成她未完成的夢。

她小時候學過一陣子的琴，後來因種種原因中斷了。十年、二十年過去了，發現時光飛逝，好多逝水年華不再，好多豪情壯志也因生活上的壓力而消逝。每每經過琴店就想起兒時情景，小時候稚嫩的手指還可以彈上一些簡單的曲子，如今只能敲打電腦的鍵盤。終於經濟不再是問題，自己買得起一台鋼琴，就下手了。不把握今朝，更待何時呢？

以前的我一直以為學鋼琴得從小小年紀開始。記得我的叔叔，一次聽我彈琴後，伸出他因綁鐵線而粗糙黝黑的大手，問我可不可以學琴。我告訴他必須從小學起才行，我仍記得他眼中失望的神色。

上了大學後，修了一堂「鋼琴教授法」的課。教授放了一支短片給我們看：一個年近六十歲的退休飛行員坐在鋼琴前，彈著簡單的曲子。他說他一直想學鋼琴，

待他退休後，他了解到他不能再等下去了，便找了一位老師開始學了起來。至今他也可以彈琴自娛了。

他侃侃而談，看得出他很引以為傲，我想起叔叔失望的神情……

教琴至今也收了一些「大學生」，他們都要比小朋友用功，因為他們是為自己而學。

我很期待上麗莎的課。她已十多年沒碰琴，依稀還記得以前老師教過的東西，她的基礎打得還不錯，所以她學起來倒也輕鬆。幾個月下來，她也學了好多名曲，如貝多芬的《給愛麗絲》、巴哈的《前奏曲》、德布西的《月光》，等等……

舒曼的曲子不好彈，雖然他標榜《兒時情景》是「簡單的小曲」，其實不然。《夢幻曲》是其中的一首曲子，沒有一首曲子比《夢幻曲》來得美麗。當鋼琴大師霍洛維茲回到他久違的祖國俄羅斯演奏，他就是彈這首《夢幻曲》為安可曲。當時樂評家這樣描述：

「全音樂廳的觀眾瘋狂似的喊著安可安可，霍洛維茲又再次出場。當他彈下第一個和弦，全場都安靜下來，因為這是太有名的曲子。而全曲也不過短短三分鐘。他緩緩彈下最後一個和弦，全場安靜得聽不到一絲聲音。聽眾們都被夢幻琴聲催眠了，沈浸在如詩如幻的夢中，更有人悄悄的流下了感動的淚。」

麗莎要求我彈給她聽。我小心的彈奏每一音，兩隻手十隻手指彈著四個聲部。有時高音部襯著深厚的低音歌唱，右手第一部和第三部合著二重唱，有時一串和弦五、六個音如豎琴般的滑奏。最後三個小節的和弦一共有七個音，我小心的按下琴鍵，試著多用點力道把小指頭的La的音帶出。

終於夢也有醒的時候。麗莎很激動的看著我：「太美了，尤其是最後那三個和弦。」我說：「你喜歡的話，我們就試試看吧！」她迫不及待的把我趕下琴凳，坐了上來。我說慢慢來，她卻已經彈了起來。

一個禮拜後她來上課，她說她了解為何有人叫這首曲子為「創傷」（《夢幻曲》的原文是德文：Träumerei，讀起來很像英文的Trauma），因為不好學。但她已把全曲學了起來，我非常驚喜。我開始慫恿她在一年一度的學生鋼琴演奏會上演奏，離演奏會還有兩個月的時間。

我說：「聽得出來你對這首曲子特別喜愛，我相信你可以做得到的。」她有些受寵若驚，不可置信的看著我。

她笑了笑，臉色有些蒼白。我問她還好嗎？她告訴我她的經驗。

她小時候很不喜歡演奏會，有一次她上台，因太緊張而忘了曲子是怎麼開始的。她愣在那裡，試著想第一個音，但就是想不起來。

她急得快要哭了，看看媽媽、老師，他們都沒有動靜，她想起來了！趕緊彈了起來，她跳過很多段落，總算彈完了。

回家的路上，媽媽很生氣的對麗莎說：「你太丟臉了，你丟我的臉，也丟你老師的臉。真不知你是怎麼學的！」

那話如一把利刃在小麗莎的心中劃下深刻的一道傷痕，原來那才是她停掉鋼琴的真正原因。

那傷並沒有隨年紀的增長而痊癒，我知道癒傷的方法，麗莎也明白唯一能讓她釋懷的，只有再上台一次，以忘掉過去不愉快的經驗。她說她願意試試看。

接下來的日子，麗莎廢寢忘食的練琴，而《夢幻曲》也漸漸成形了，我實在好為她高興。她也告訴她媽媽這件大事，她媽媽住在比較遠的地方，可能無法前來，但要求我們把音樂會錄下來，好讓她保存。

十月了，再一個月就是演奏會了。麗莎背譜背得很辛苦，我也幫她分析曲式和和弦。眼看演奏會的日子一天天逼近了，而麗莎的背譜沒有太大的進展，我也開始有些急了。

十一月了，麗莎黑著眼圈來上課。她說：「我可能沒法子彈演奏會，這兩個月來我腦中只有演奏會，但我真的背不起來。」

我拍拍她的肩膀說：「我最近在想，我們都太急了。你急著圓夢，而我急著要看你成功，讓我們緩一下腳步吧。」麗莎聽我這樣說，嘆了一口很大的氣，但神情輕鬆不少。

我接下去說：「這樣吧，你慢慢準備，不要有壓力。演奏會每年都有，不急在這一季。」

學生的鋼琴演奏會到了，我邀請麗莎來聽。

在演奏會最後，我勉勵學生再接再勵，不要和鋼琴說再見。我也彈了一首李斯特的《悲嘆》。演奏會完，有一個小小的茶會。一個小朋友的爺爺前來告訴我說，他想點一首曲子。

我說：「好啊，你想點什麼曲子？」他說：「《夢幻曲》。」我驚呼，趕忙叫麗莎過來，她一手拿著飲料，一手拿著餅乾走來。

我說：「這位先生想聽《夢幻曲》，你可否為他彈奏呢？」她手中的飲料差點灑出來。她說：「噢，我的天！我的譜就在我的皮包，等我一下。」

我幫她拿她的點心。她從皮包拿出一張很皺的譜，她很謹慎的把它攤開。深呼吸一口氣，她彈了起來。

聽到琴聲，大家都圍了過來。她略帶緊張的彈奏著《夢幻曲》，但我聽得出她越彈越好。終於，她最喜歡的結尾和弦。「如天上的音樂。」她曾這樣描述的。

當她彈完，大家都拍起手來。麗莎感動的站了起來，對她的觀衆敬禮。

她等這批觀衆等了十多年，而這次她沒有讓他們失望，我知道。我也加入了拍手的群衆。

這樣的劇情要重複幾次？他何時才能夠學會獨立，為自己負責？而他爸爸媽媽何時才能知道，這樣的處罰方式，根本就沒有用。

天下父母心（二）

小小的布蘭登，才小學四年級。他牽著爸爸的手，害羞地躲在爸爸身後。

「老師，我想你已經和慈老師談過了？好，那我就讓你們上課了。」慈老師教布蘭登好一會兒了。她先生健康不是很好，她要把學生都辭了，專心照顧他。

「獅子老師，我的學生裡面，最有才華的是布蘭登，我希望他好好跟你學。」慈老師說。老師會特別交代，表示那學生真的不錯。

布蘭登偌大的眼睛看看我，我要他先彈一些學過的曲子給我聽。布蘭登怯怯地彈，有些緊張，不過可以看出這小孩的程度不錯。我便從他上次的曲子接了下去上。

布蘭登很乖，很少說話。後來，才知道因為他對新老師不熟，不敢亂說話。直到有一次，他來上課，打開袋子，他掩不住興奮地要展示給我看：「你看！我得拼字比賽第一名的藍色獎章！」我為他拍拍手。

他告訴我那些字都好簡單。我要他拼piano給我聽，他翻翻白眼。他說，我拼你的中文名字吧。他就開始，我的名字連本姓和夫姓，一共二十一個字母。他一個也沒有漏掉！

我反問他，他的姓是哪一國的姓氏。他說不知道。我說怎麼可以不知道。他說他是領養的。我說，領養的也要知道姓氏的來源。他爸爸媽媽對他之愛護、寵愛，是完全把他捧在手心上疼。

後來，他就不那麼怕我了，會和我開玩笑。一次，我在他的筆記本寫上注意事項，我寫下：注意dynamics（大小聲）。

他說，他完了，他爸爸說要是再看到「dynamics」出現在筆記本上，他就要被禁足了。我大笑，說沒關係，我會和他爸爸說。

我帶他走到他爸爸的車子，他爸爸很緊張的看著我。我笑說，沒事啦，只是要為布蘭登求情。他也大笑。

我才知道，布爸爸很嚴格，常常動不動就禁足布蘭登，布蘭登也常故意惹他們生氣，所以他一天到晚被禁足。

那年，我帶布蘭登參加了州立比賽，結果他不只得特優，還得到州立音樂會的提名。我告訴慈老師，她高興得大叫！布蘭登從此越彈越好，比賽是常勝軍。不過，隨著年齡的增長，他越來越難教。

布蘭登在家就練他會彈的、愛彈的。來上課，我得一個音一個音陪他練琴。我告訴他，得改變練琴的方式，但他說，他才不喜歡彈琴，那都是爸爸媽媽的意思。

我知道布蘭登愛鋼琴的。只是他正步向反叛期，愛和父母唱反調。他們越愛他彈琴，他偏偏不練。不過，他來上課，他就得彈琴，所以，變成我陪公子練琴。

沒關係，這是一個過渡時期。布蘭登要磨我的耐心，我就讓他磨。

一天，獅子老師的耐心終於被布蘭登用光了。

布蘭登來上課，我可以看出他心情不好。我問他，但他不願意告訴我怎麼回事。

等到開始上課，布蘭登就亂彈。他每彈錯一個音，他就罵crap。這個字就是shit的意思，學生常私下用，因為沒有罵shit那麼刺耳。

我要布蘭登不要罵了，他卻變本加厲。只要我一改正他的錯音，他就罵，還不改正錯音。

我感覺我的血壓慢慢升高，臉也要漲紅了。終於，我把譜拿走。

我說：「布蘭登，我不了解你為何這樣對待我，完全不尊重我。我非常非常的失望。」我激動地說不下去。我站起來，把譜還給他。

「你回去吧。我知道時間還沒有到。但我不能教你。你若想要再和我學，再打電話給我。再見。」我說完，就打開門離開琴房了。

我顫抖地走到廚房。先生跟到廚房來看怎麼回事，我氣得說不出話來。先生去琴房看布蘭登。

布蘭登臉色蒼白地坐在那裡。先生試著和他說話，他可能也嚇到了，沒有看過我發飆。我也沒有發飆過，我自己非常後悔。

先生送布蘭登出門，和他媽媽稍微解釋了一下，就進來了。先生說：「親愛的，他也只是個孩子，你就不要和他一般見識。」我說我一直很有耐心地對他，我不教了。他這樣不尊重我，再繼續也沒有意義了。

電話響了。是布蘭登的爸爸，要我告訴他發生什麼事。

我大概說了一下，他說他非常抱歉。布蘭登也很抱歉，他希望你會繼續教他。如果你不願意，我們也了解。

我想想，其實也沒有什麼，小孩子也就是小孩子。我也向他道歉，說發了脾氣，請他見諒，我當然願意繼續教他。布蘭登爸爸說，**謝謝你沒有放棄他**。

當然，布蘭登又被禁足了。

這次事件後，布蘭登爸爸媽媽就來護駕了——護我的駕，不是布蘭登。他們跟著布蘭登來上課，要確定他會乖乖上課。

布蘭登是乖多了，他父母也真用心良苦。我教這麼多年的書，他是最特別的例子了。

布爸爸在火車站做事，他的工作是開火車送煤和貨櫃，到另一個城鎮。布蘭登告訴我，他最愛坐在他二樓房間的窗戶，看時間，等爸爸開火車經過。

果然時間一到，就聽到遠遠的火車鳴聲，嗚嗚……火車駛近了，布爸爸伸出頭了，急急找自己的家，向布蘭登揮手。布蘭登也大力地揮手。

當布蘭登升十年級時，他決定要轉到私立高中，布爸爸和媽媽非常高興。因為那學校不好進去，他考上了，而且他很興奮要到這個學校讀高中。這也是先生和我教書的高中。布爸爸和媽媽很以他為榮，對於昂貴的學費，我沒有聽他們抱怨過。

我鼓勵他參加一年一度的才藝演奏會，他和我另外一個鋼琴學生凱蒂試了四手聯彈（請見〈我的小太陽〉篇），結果他們被選上了，我們都好為他們興奮。

第二年，他十一年級，我再鼓勵他參加，他不願意。我也沒有強迫他。他跟我說，他的如意算盤是等明年，他十二年級再參加面試，勝算會比較大。因為通常裁判會把機會留給即將畢業的高三生（十二年級生）。

我說這個算盤，不知道會不會準。不過，他已經這麼決定了。那年的才藝表演讓我另外一個黑馬鋼琴學生（請見〈我的黑馬王子〉篇）拿去了，大家都很驚訝，因為他才九年級。

那年夏天，布蘭登十六歲了。他爸爸媽媽買了一輛跑車給他，他來上課，興奮地要和我分享這個好消息。

我說，趕快帶我去看你的車！他笑說，新車一來，他就出去遛車，一不小心，開得太快，就拿到了罰單，他馬上被禁足，又被禁車。

我想，老天，這樣的劇情要重複幾次？他何時才能夠學會獨立，為自己負責？而他爸爸媽媽何時才能知道，這樣的處罰方式，根本就沒有用。

布蘭登十二年級了，他練了一首蕭邦的《離別練習曲》，很優雅浪漫。問題是黑馬也練了貝多芬《月光奏鳴曲》的第三樂章，旗鼓相當。

我告訴黑馬，他才十年級，通常學校會把獨奏的機會給十二年級生。若沒有選上，不要太失望。我也告訴布蘭登，好好彈。我不能保證裁判會怎麼評分，好好彈就是了。

不過，我心想，他要畢業了，這個獨奏的機會可能就是他的了。我很高興我不是評審，因為我也不知道如何二選一。

結果，學校選了黑馬。兩個學生都是我的鋼琴小孩，他們在我心中都很棒。但，他們只選一位鋼琴獨奏。他們沒有選十二年級生的布蘭登，大家都很驚訝。

我問好朋友愷莉，她是評審之一。她說：「獅子老師，聽他們兩個彈，根本不需要比較。才藝演奏會，我們要最優秀的學生上台，而不是看誰要畢業，就給誰。而且憑心而論，黑馬的演奏，贏得了所有評審的票。」

布爸爸媽媽盛怒。他們打電話質問學校，也來問我怎麼會這樣。他們不能接受布蘭登沒有被選上的事實，他們也不能接受會有人彈得比布蘭登好。後來，他們就決定了，一定是學校偏心。他們從此以後叫愷莉和另外一位音樂老師——「邪惡」的人。

布蘭登要上大學了，他拿到州立大學的全額獎學金，他信心滿滿。

「我要雙主修，化學和鋼琴，然後進醫學院。」我很以他為榮。我也為他選了鋼琴老師，祝他一路順風。

他去上大學，上了第一堂鋼琴課，馬上打電話給我。告訴我他想我，而且他很喜歡這個新老師，他要好好上。

我好感動。想到以前我還對他發飆。小男孩終究長大了。

一個學期過去了。一天，先生從學校回來，告訴我有一些以前的學生回去找他，他們在聊天。

「他們說，布蘭登差點被退學。」我好訝異！怎麼可能？我馬上打電話給布爸爸。

布爸爸深深嘆了一口氣說：「獅子老師，不知道什麼原因，他感恩節放假回來說他決定不再彈琴了。他說，他了解到他以前都是為了我們而彈，他從來沒有喜歡過鋼琴。現在他要為自己而活，不再碰琴了。所以他把琴課退掉了。而化學，也都被當，現在不只學校要把他當掉，獎學金也早就被收回去了……老師，怎麼會這樣？」

我啞口無言。

發生了什麼事？布蘭登討厭鋼琴？不可能。我是他老師，我知道的。**他彈琴的快樂，那是無法偽裝的**。

布蘭登在抗議什麼？抗議這麼多年，爸爸媽媽嚴格的家教嗎？現在他在大學自由了，他展翅飛翔，可是也不是這樣飛的啊，把前途都飛掉了。

我想布蘭登說他討厭鋼琴，是要傷我們的心，要讓我們知道他長大了，不是那個小男孩了。布蘭登和爸爸媽媽劃清界線的第一步是封琴，因為他知道爸媽最以他的鋼琴演奏為榮，也最愛聽他彈琴了。

後來我聽說，布蘭登剛開始的時候，都有去上課。週末時就和朋友喝酒，參加party。後來，本末倒置，課上得越來越少，party去得越來越多。蹺課蹺到被當，被下了最後通牒。

暑假布蘭登可以修課，不過要全都拿A，學校才要他回來復學。

我試著打電話給布蘭登，他沒有接。後來聽說，他暑期課有衝到A，也被復

學，不過，一個學期後，他就又被退學了。他搬出學校宿舍，沒有回小鎮。

聽說布蘭登搬到別州，在商店做事，很少回家。

上禮拜，我到布家村鎮上的農夫市場買菜，途中有平交道，得停下來等火車。我想到布爸爸可能是開火車的人。

我把車窗搖下來，要向他揮手。嗚……嗚……火車駛近。

我看到布爸爸，我興奮地直搖手。布爸爸看到我，也一直揮手。火車開過去了。柵欄升起來，車子可以過了。我慢慢駛過鐵軌，看著漸行漸遠的火車。

布蘭登啊，布蘭登，如果你可以知道我們有多想你……

天下父母心（三）

但我能夠給孫女的有限，她需要的是母愛。

「獅子老師嗎？你好。我是Dr.史諾。我想請你教我的孫女鋼琴，不知道你有沒有空缺？」

Dr.史諾我早有耳聞，她是我們這裡退休的大學校長，她很為此地的婦女協會致力，名聲很大。

我說，我現在沒有缺，可能要等下學期。她說好。不過，她每隔一個月就打電話來問。後來，我就調了一個時間出來給她。

Dr.史諾親自帶孫女來上課。小依莉才二年級，非常可愛。

Dr.史諾告訴我，她給了她女兒，就是依莉的媽媽她的鋼琴，她很希望依莉也學琴。

「我女兒是進口公司的CEO，很忙。所以我會去等依莉放學後，直接載她來上課。這個時間很好。而上完課，依莉通常都會在我家，待到媽媽下班來接她才回去。所以她也可以在我家練琴。」

依莉圓滾滾的眼睛看著我們，很有自信的說：「阿嬤已經有教我一些音階了。」

Dr.史諾得意的笑著說：「依莉學得很快，和她媽媽一樣。以前我也是這樣教她媽媽鋼琴，她也彈得很好。可惜現在事業做得很大，都沒有時間彈。我給她的那台琴還是大鋼琴呢。」

於是，祖孫接送情開始了。依莉上學，阿嬤載；放學後，阿嬤載；學跳舞，阿嬤載；學鋼琴，阿嬤帶。這個媽媽我倒是一直沒有見過，直到我們開演奏會才見到她。

Dr.史諾一家其實學歷都滿高的，不是醫生，就是教授、CEO。Dr.史諾客氣的和我打招呼，依莉的媽媽只是坐在一旁，和她先生聊天，也沒有和我打招呼的意思。我伸出手，自我介紹。她伸出手，有氣無力的和我握手。由一個人握手的勁道，其實可以看得出誠意。

Dr.史諾是個盡職的阿嬤，她照顧女兒沒有時間做的事，她也幫孫女依莉付學琴的學費，雖然，會遲一個禮拜以上。有一次，Dr.史諾到歐洲參加座談會，她告訴我，女兒的管家會送依莉來上課。結果，依莉來上課，不是遲到，就是忘了來。

依莉其實很聰明，一點就通，只是她很少練習。現在阿嬤出國去了，她更少碰琴了，而學費也沒有蹤影。我開始期待Dr.史諾的歸來。

一天，我接到一通電話留言：「獅子老師，你好。我是大進口公司的祕書。老闆要我告訴你，依莉今天無法去上課。請來電告訴我們，你何時可以補課。謝謝。」我想，那老闆就是依莉的媽媽。我打電話過去，祕書接的電話。

「嗨，你好。我是獅子老師。」

「喔，你好。」祕書客氣的說。

「請問你有接到我的留言嗎？」她問。

我說：「有的。請告訴你的老闆，我的規定是，臨時取消的課，我無法補課。家長若有事要取消課，得一個禮拜以前通知，才能補課，因為那個時間我已經為你保留。如果臨時取消，我是不補課的。除非是緊急事件，或是孩子生病。」

祕書聽了說：「我完全了解。我會和老闆說。謝謝你。」我想這樣就沒事了。

豈知，祕書又打來說：「對不起，老闆說她並不知道有這個規定。」

我說：「每個學期我都有寄規定給每個家長，我寄了一份給Dr.史諾，也有寄給依莉的媽媽。」

祕書說：「啊，請你等等，老闆開會出來了。讓我告訴她，請稍等。」我在電話中聽到她們的對話。依莉媽媽凌厲的高音從話筒傳來。

「老闆問你何時可以補課？」祕書怯怯的問。我又重複一次我的規定。

我聽到祕書又重複一次我的規定，依莉的媽媽劈哩啪啦的說了一大串。我想是在罵人吧，反正我這頭也聽不清楚。

祕書說：「老闆要知道，若你補課，她是不是得付那次課的學費？」其實，有時候家長無法帶孩子來上課，像自己得去看病，還是什麼的，情非得已需要取消課，我都會補課。只是，這個媽媽這樣大聲怒罵，我也不願意補課。

我說：「是的。」

話筒傳來一串高音的叫罵，我聽了也開始生氣了。為何她不親自和我說電話，一定要祕書這樣傳話？然後我聽到「砰」一聲很大聲，好像是甩門的聲音。

祕書說：「獅子老師，你還在嗎？」我沒好氣的說：「我在。」祕書說：「我非常抱歉，唉，剛才那是老闆甩門的聲音，她出去了。我完全了解你的規定，因為我孩子也學小提琴。小提琴老師的規定和你一樣，我也覺得很合理。」我聽了氣消了一半。

「你不要道歉啊，你又沒有做錯什麼。我只是不了解你老闆為何不自己來和我說話？我就在電話這一頭啊！」

祕書說：「啊，獅子老師，你有所不知。她就是這樣，要我傳話。我夾在中間，裡外不是人！」

我突然有了個主意：「你來當我的祕書吧！離開她！」我們兩個大笑。

「我也希望啊。我當得好痛苦。現在Dr.史諾不在，老闆交給我做的雜事更多了。其實Dr.史諾為她做了好多好多事。Dr.史諾這個媽媽，真的太偉大了，讓女兒創業，而自己幫她照顧小孩。」

我不好意思的說：「你可以幫我提醒老闆，學費已經一個月沒有繳了嗎？」她說：「我很樂意幫你，不用擔心，我會為你把學費寄出去。來，住址給我。」

後來，謝天謝地，Dr.史諾回來了，一切恢復正常運作。我好想告訴她，不要再離開我們了。

後來有一天，依莉應該來上課的，結果沒有看到她，只有Dr.史諾。Dr.史諾最近腳有些問題，走得比較慢。我為她開門。她進來後，喘喘氣坐下。

她說：「獅子老師，依莉不學了。」她嘆了一口氣，很小聲的說：「我真的不能什麼都為他們做啊……」

她看看我說：「依莉只在我家練琴，回家後，她媽媽也不督促她，也不鼓勵她，依莉當然沒有太大的動力。她現在不學了，她媽媽也沒有鼓舞她，只有我鼓勵她學。但我能夠給孫女的有限，她需要的是母愛。」我聽了很難過，不知道說什麼好。

她說：「謝謝你這個學期來的幫忙，我真的認為依莉可以學得更好。」我說，我也這樣認為。

「Dr.史諾，你要知道，我們都盡力了。你盡力，我盡力，而小依莉也盡力了。她也學了一些鋼琴，只是現在她沒有太大的興趣。所以，你不要太難過。」

Dr.史諾說：「我得去學校接依莉了，你好好保重。」她慢慢站起來，我去扶她。她向我道謝，慢慢走出琴房。

我看著她的背影，感慨萬千。天下父母心，孩子可知？

老師不哭

我看她眼淚又流了下來，不過，她沒有停下來的意思。蘇菲亞繼續彈，繼續唱。我知道，這次她是為我而唱。

蘇菲亞來上課，我高興地迎接。上次學生鋼琴演奏會上，蘇菲亞一曲成名。她自彈自唱她寫的歌《JOY》（喜悅），驚豔全場。

我告訴蘇菲亞很多小朋友都說，他們好愛她的歌聲。

「老師，她真的自己寫那首歌嗎？」是的，我回答。

「老師，你也會這樣嗎？自彈自唱？」不會的，我回答。

我把這些讚美一一重述給蘇菲亞聽。她好開心。

我建議蘇菲亞把《JOY》錄下來，我去找了錄音帶及麥克風。她一副大將之風，把圍巾一甩，做出很酷的樣子。蘇菲亞對我嫵媚的一笑，開始了。

早上醒來，這首歌就在我腦海揮之不去，寶貝
我不知如何是好
它一直在我腦海裡重複，寶貝
所以我現在為你而唱

這首歌在我腦海裡揮之不去，我快要瘋了
我不知道這有什麼特別意義
但是它讓我非常開心

因為我心充滿了喜悅、喜悅、喜悅，

而喜悅充滿我心
喜悅、喜悅、喜悅
喔，喜悅、喜悅、喜悅

我是這麼的快樂，我不禁微笑
如果你今天過得不好，那麼請你仔細聆聽，因為
我將帶給你喜悅

因為我心充滿了喜悅、喜悅、喜悅
而喜悅充滿我心
喜悅、喜悅、喜悅
喔，喜悅、喜悅、喜悅

希望我的歌聲讓你的生命更美好，因為它也讓我的生命更美好

如果你過得不好，我希望你醒來的時刻
會記得我的歌，而你不再悲傷

她唱完，我又再一次被感動。
突然我有了一個主意。我想到妹妹，最近在醫院做一個治療，需要住院一段滿長的時間。她的精神還不錯，不過，最近情緒有點低落。
我問蘇菲亞願不願意唱給妹妹聽。蘇菲亞眼睛亮了起來，直說OK，OK！
我把電話擺好，改成擴音裝置。打電話給妹妹，問她要不要聽蘇菲亞唱一首歌。她說當然好！我向蘇菲亞點頭示意，表示她可以開始了。

早上醒來，這首歌就在我腦海揮之不去，寶貝
我不知如何是好
它一直在我腦海裡重複，寶貝
所以我現在為你而唱

這首歌在我腦海裡揮之不去，我快要瘋了
我不知道這有什麼特別意義
但是它讓我非常開心

因為我心充滿了喜悅、喜悅、喜悅
而喜悅充滿我心
喜悅、喜悅、喜悅
喔，喜悅、喜悅、喜悅

接下來是間奏，我想像妹妹在電話另一頭和我一起聆聽她的歌聲，我覺得蘇菲亞真是一個天使。

蘇菲亞一直彈，一直彈，頭一直偏向牆壁；後來，她轉過頭來，我嚇了一跳！

她淚流滿面，閉緊了嘴，不哭出聲。

我馬上拿起話筒，問妹妹喜不喜歡。蘇菲亞這時也停止彈奏了。

如果你過得不好，
我希望，
你醒來的時刻，
會記得
我的歌，
而你
不再悲傷。

妹妹說，啊，她愛極了蘇菲亞的歌聲，讓她無聊的病房也有了一些喜悅，要我謝謝她。我說我會的。

掛上電話後，蘇菲亞撲向我，像個小孩子一樣大哭了起來。

我抱住她，輕撫她的頭：「怎麼了？不哭不哭。你唱得好棒！我妹妹好喜歡呢！」她抽噎地說：「我不要你妹妹生病，我不要她受苦，我要她趕快好……」

我拍拍她的背：「傻孩子，不哭。你看，你帶給她這麼美好的禮物。這歌真好，慶祝了生命、慶祝了愛及音樂，多棒！妹妹聽你彈，也可以感受到這些美好的感覺啊。你看，你的歌充滿了喜悅……」

我說著說著，也哽咽了。眼眶溼了，眼淚流了下來。不知為什麼，一切就決堤了。所有的悲傷擔憂，就傾瀉了。我無法控制地哭了起來。

蘇菲亞抱緊我說：「老師不哭，老師不哭！」我說好，可是眼淚一直流下來。

我抽噎地說，好，我不哭，我不哭。

蘇菲亞說：「老師，她很快就會好起來的，我知道。」我擦擦眼淚，她也擦擦眼淚。

蘇菲亞說：「老師，我們一起來唱這首歌好不好？」我說好。她又彈了起來。

早上醒來，這首歌就在我腦海揮之不去，寶貝
我不知如何是好
它一直在我腦海裡重複，寶貝
所以我現在為你而唱

因為我心充滿了喜悅、喜悅、喜悅
而喜悅充滿我心
喜悅、喜悅、喜悅
喔，喜悅、喜悅、喜悅

我看她眼淚又流了下來，不過，她沒有停下來的意思。蘇菲亞繼續彈，繼續唱。我知道，這次她是為我而唱。

我心充滿了喜悅、喜悅、喜悅
而喜悅充滿我心
喔，喜悅、喜悅、喜悅

艱難的一戰（二）

他已經十六歲了，不是小孩子了，應該學著為自己負責。

「老師，你不介意我把我們的對話錄下來吧？」約爸爸說，一面把小型錄音機推到我面前。

「請問為什麼要錄音呢？」我問，心想這又不是法庭。

「我太太這次無法前來，所以她要我把所有和老師的對話錄下來。OK？好，我們開始。」不容許我再囉唆下去，他開始採訪。

「你覺得這一個學期來，約翰鋼琴的表現如何？」我心中暗暗嘆了一口氣。

約翰是這學期從很遠的黎巴嫩轉來的美國學生，他爸爸媽媽都在黎巴嫩做生意，他上高中後，他們就把他送來美國的寄宿學校。

約翰爸爸送他來註冊時，還特別叮嚀學校要為他找鋼琴老師，好讓他繼續學下去，學校便找了我。

那晚我就接到從黎巴嫩來的電話，在很多雜音下，我聽出來是約翰媽媽。

「老師，我們很高興約翰可以繼續學。我這孩子很有天分，學了六年的鋼琴，年年參加鋼琴比賽，都是優等的。你可以讓他繼續參加嗎？還有，我希望你可以教他看譜快一些。他這方面比較弱。」

等約翰媽媽說完，我告訴她，沒有問題，我的學生是參加這一區的區比賽；至於看譜，我可以幫他加強。

她說很好，接下去她說：「謝謝。還有，我們希望你每上完一堂課，就傳真上課報告給我們，謝謝。」

我掛上電話，心想還沒有家長這樣要求過。不過我也可以體諒他們遠在黎巴嫩，把孩子送到這麼遠的地方來，看不到、聽不到，當然希望可以多多了解他上課的情況。後來那個週末和學校老師聚餐，大家竟然不約而同談起了約翰。

英文老師先發難：「我一堂課有二十個學生要教，哪來的時間為他寫上課報告？上課報告應該是約翰寫才是。」

我才知道，原來約爸爸、媽媽向每個教約翰的老師都做了同樣要求。這下我對約翰更加好奇了。

約翰第一次來上課，我請他先自我介紹。原來才十六歲的他，已經隨爸爸媽媽幾乎要環遊世界一周了。他見識很廣，談起未來的打算，他想都沒想，「我要當外科醫生。」他志得意滿的說。

我想他學了六年的鋼琴，程度應該不錯。但等到他拿出教材，我一看，有些吃驚。這些都滿初級的，大約是學了兩、三年的學生在彈的曲子。

他彈給我聽，我覺得還不錯，只是他看譜比較慢些。他還滿肯學的，我便派了一些曲子給他，並告訴他在學校哪裡可以練琴。

「那就下禮拜見了！」我說。看他走出音樂教室，我才想到，我必須去寫報告。雖然才第一堂課。

親愛的約先生、太太：

我們今天上了第一堂課，我給了約翰一些曲子，並矯正了他一些指法及姿勢。

我搔搔頭，實在沒有什麼好報告的，我簽了名，請祕書幫忙傳真。

祕書看著我的報告，笑著：「你真聽話，其他的老師說他們要一個月寫一次。」祕書也向我抱怨，約爸爸媽媽幾乎每天打電話查勤，問她約翰怎麼花零用錢等等。

「我怎麼知道？我的工作是拿錢給他。」

「他們說不定也要你寫『報帳』報告。」我笑著說。

第二次上課，約翰遲到。他忘了帶譜，所以又折回去宿舍拿譜。第三次，他忘了來上課。第四次我們才又上到課。

這樣他怎麼進步呢？曲子聽來都是半生不熟的，看樣子，約翰並沒有怎麼練習。我也開始聽其他老師抱怨約翰上課常打瞌睡。祕書還向我透露，因為約翰常常通宵打電動玩具。

一、兩個月過去了，轉眼要放寒假了。約爸爸來接小孩回黎巴嫩度假。

一早，我接到祕書電話，聲音聽來很著急：「獅子老師，你今天有約翰的課嗎？」我說有。

她說：「約爸爸今天來學校，已經約見了大部分老師。他來勢洶洶，還把化學老師罵哭了。說他孩子上她的課會打瞌睡，是因為老師教得不好，要她好好反省。我打電話給你，是要你有心理準備，因為他一定會去找你。」

我謝謝她。掛上電話後，我決定還是要去上課。

一進學校，就遇到英文老師，他告訴我今天被約爸爸約談得一肚子火。他知道我正要去教約翰，還關心地自告奮勇要陪我。

我謝謝他的好意，不過，在前往音樂教室路上，我越走越沒有力氣。

果然，約爸爸已經在音樂教室等我了。我們寒暄一番後，他把錄音機拿出來，開始了訪談。

「所以，你覺得約翰這學期學得如何？」約爸爸咄咄逼人。

我吞吞口水，緊張的說：「這個，我想……」

約爸爸把錄音機靠近我說：「請對著麥克風說。」

我咳了一下，對著麥克風說：「約翰學得不錯，可是可以更好。我覺得他可以多花些時間練習。我也知道他平常功課也很多，但我給的曲子不難。他可以彈得更好。」

約爸爸聽了不是很滿意。

他皺皺眉頭說：「什麼叫可以更好？他若不夠好，那就是老師的錯，老師沒有認真教。像那位化學老師教得一直讓約翰打瞌睡，那叫什麼老師？你若覺得他不夠好，你為何沒有督促他？」麥克風又靠過來。

「約爸爸，我希望你能夠了解，我們一個禮拜只有半個小時的上課時間。約翰一個月就有兩次忘記來上課，而且還忘記帶譜……」我還沒有說完，約爸爸馬上質問：「他忘了來上課，你應該提醒他，或者去找他。」

我回他說：「約爸爸，老師的職責是教授所知，而不是當他們的保姆。而且他也十六歲了，不是小孩子了，應該學著為自己負責，記得上課的時間。」

約爸爸聽我這樣反駁，也生氣了。

「那他看譜的能力，有沒有進步？」我知道他一定會問我，我也有準備。

我說：「約爸爸，看譜和看書一樣。你書看越多，會讀得越快；你若常練琴，看譜也會進步。當然我有教他一些看譜的技巧，但這些技巧若沒有配合適度的練習，那都是無濟於事。我覺得約翰是有潛力，只是他用功不夠。」

約爸爸聽得很不服氣，他啪的一聲把錄音機關了起來。站起來說：「謝謝你的時間，我會把我們的對話播放給我太太聽。我們會討論看約翰還要不要繼續讓你教。再見。」他走後，我還呆坐在椅子上。

寒假過後，我很吃驚看到約翰的課程表竟然又有鋼琴課。

我指著那張表格給祕書看，她說：「他們說要再給你一次機會，你不要搞砸了。」

聽說很多老師都不再寫報告了，他們說要是約翰可以再用功點，或許他們願意這樣做，但約翰太不用功了，而約翰爸爸媽媽又把所有的罪怪在老師身上。

約翰上學期彈的那些曲子，有一首他彈得還不錯。我便問他要不要參加區比賽，他說好。結果，那個比賽，竟然讓他拿到優等獎。

別的學生向我訴苦：「獅子老師，我參加這麼多年，也才拿過一次優等。約翰是一個打瞌睡出名的學生，鋼琴也不怎麼練，也讓他拿到優等。這世界還有天理嗎？」

那學年過完，我到學校拿信件。祕書一看到我說：「啊，好消息，約翰要轉學了。我們的學校不夠好，老師教得不好，約翰學期成績只有C，所以他們決定讓他轉到別的學校。」我心裡突然有一種「恕我無罪」的感覺。

我看到傳真機，在我腦海中，我想到了過去那些要寫報告的日子。我誠摯地希望不管約翰在哪裡，他都可以好好學。因為愛打瞌睡的學生，要當上外科醫生可能會有些困難吧。

天生反骨（二）

我發現要應對的不只是他們的能力，還有他們在家的排行，而我的一個大原則，不讓兄弟姐妹用同一個教材。

看了這麼多兄弟姐妹們學琴，我有一個小小的兄弟姐妹情結（sibling rivalry）研究報告。

老大通常很臭屁，因為是最大的，對小弟弟妹妹講話，口氣總有一些權威，但這不表示弟弟妹妹會聽，有時候只是老大自己高興而已。但老大通常也滿認命的，因為從小爸爸媽媽就跟他們說，你們要好好照顧弟弟妹妹，所以老大的社交活動有時候受到牽制，得帶弟弟妹妹一起出去玩。

一次，亨利來上課，他遲到。他解釋他在為弟弟做早餐，他煎了一個蛋給弟弟。弟弟吃了一口說，沒熟！他只好再多煎一會兒！

我說，我也是。我為我妹妹做pancake，好不容易做好了，端到她面前，她說：不夠黑。我們笑，然後嘆息，做弟弟妹妹真好命……

可是也正是因為老大早出生，弟弟妹妹對哥哥姐姐，至少在小時候都很崇拜。覺得他們好厲害、什麼都會。但這樣的崇拜，過了幾年，就變成：哼，你有什麼了不起？只不過早我幾年出生。我可以做得比你好。

我先生彈得一手好吉他，他的弟弟也想學，但就是不肯問他怎麼彈。他弟弟寧願跟別人學也不願意問他。我先生頗受傷。

我說，你要了解這個情結啊。他們來請教你，其實對他們來說，是向命運低頭那麼嚴重呢。

老二，或是中間的小孩，其實很有趣。他們對權威有一種先天性的抵抗力和免疫力，或許因為從小就得屈服在老大的淫威之下，他們比老大還有親和力，他們很隨和、自然，不會耍大牌，很大同世界的博愛。

他們好像有一個共識，好孩子讓老大去當好了，我可以做我自己，所以老二通常比較original，很有自己的特色。

而最小的呢？通常是天不怕、地不怕。因為天塌下來，有哥哥姐姐們會去頂。

這是一場看似平靜的戰爭。我們從小就想得到一個自我的評價，而自己的哥哥姐姐、弟弟妹妹，是小小世界的中心。這一切的評價標準，就由他們開始。

優子是我的學生，她是家中最小的。姐姐愛子彈鋼琴，哥哥英二拉小提琴，到了她，她兩種樂器都學。

她從小看他們練琴，根深柢固的觀念就是，長大後她也會彈琴、拉琴。

最小的，若不是什麼都要跟大家一樣，就是什麼都不要跟大家一樣。

老么的負擔，可能是最多的。他們要走出自己的路，有自己的風格，給自己的壓力更大。

看了這麼多學生，我發現要應對的不只是他們的能力，還有他們在家的排行。

這直接或間接地影響到他們的學習，而我的一個大原則，不讓兄弟姐妹用同一個教材。

每個人頭上都有一片天。

我妹妹學了五年的琴，因為我的影響，她六年級就停了。我常覺得愧疚，但很以她在美術上的成就為榮。

記得有一回，和我先生及妹妹一起去吃飯。妹妹和我們抱怨她工作上的不滿，我們一面聽她說，一面吃拉麵。她說著說著，我先生突然要她停一下。

先生跟我說：「她剛才用的那個英文字很好，你寫下來。Rapport，r-a-p-p-o-r-t，原出自法文。在描述人與人之間的關係，通常用在工作上。是個很好的字。學起來。」啊，吃飯時間變成空中英語教室時間。我點點頭，表示好啦，聽到了。妹妹偷笑。然後她又繼續講，叭啦啦……

先生又要她停下來。又跟我說：「她剛才那個字很好，寫下來：morale，m-o-r-a-l-e。士氣。」妹妹大笑。

我麵也吃不下了！先生還繼續：「妹妹的英文沒有口音耶，好厲害。」

是啊！那個昔日和我吵架，就會叫我「蟾蜍查某」的小女孩、那個一看到蟑螂就會尖叫，要我馬上幫她趕盡殺絕的小妹妹，今天用了兩個英文單字，就把我比了下去！

我乖乖地抄起單字，心中暗暗佩服起她。

「那你知道repertoire是什麼？」輸人不輸陣，我大聲問。

妹妹和我先生大笑。「repertoire是曲目的意思。唉，要問也不問難一點。你吃麵吧！」妹妹說。

吃麵就吃麵，誰怕誰？等一下要你付錢！

我嘴巴雖硬，但心裡卻是很佩服妹妹，而且很以她為榮。她，是我的驕傲。

天生反骨（三）

我常告訴父母親們，弟弟妹妹們會學得這麼快，都要感謝哥哥姐姐的影響。

伊文來上課，四年級小小的她才學了幾個月，已經彈到教材的第二冊。我稱讚她學得快，而且很努力。伊文不在乎我的讚美，只顧翻她的譜，然後她像想到什麼，問我她可不可以彈她姐姐麥姬上次演奏會彈的《南瓜藍調》。

我想了一下，因為**我盡量不讓兄弟姐妹們彈一樣的音樂，為了讓他們無從比較**。我還在想如何措辭，但伊文已經開始彈了起來。

「我偷麥姬的音樂來學，我已經會背了。」我搖頭，卻不禁笑了起來。因為她聽姐姐練，自己學，彈得有模有樣，還背了起來。

「怎樣？我彈得不錯吧！貼紙？」我大笑，給了她一張超大張的貼紙，寫著：Super Star！

她把貼紙很小心地貼在作業簿上，然後很認真的問我：「我彈得有沒有比麥姬好？」頓時，我了解了一切！

我說：「你彈得很好。麥姬也彈得很好。」

「哼！我要擊敗她。」她自己說完，笑了起來。

她又加了一句：「我是認真的！我要擊敗她的一切！」然後她學壞人的笑聲，大笑起來。

在伊文邪惡的笑聲中，我看到一個小妹妹躲在廁所，任憑爸爸媽媽怎麼哄騙，她就是不肯出來，把廁所當避難所。

送走伊文，是亞列。

亞列的媽媽送他進來。這個週末，他們有親戚來，他們要亞列和麥可彈琴給他們聽。

亞列是哥哥，所以他先彈，彈完後，換弟弟麥可，但麥可開始鬧彆扭了。

我看到剛才的小妹妹拉拉我的衣袖。我說我了解，我了解了。親愛的妹妹。我會盡力，來保護弟弟。

我說：「亞列媽媽，因為麥可覺得他贏不過亞列。我們一樣愛他們，但他會自己比較。哥哥已經得到大家的掌聲，他怕自己彈不好，他怕沒有哥哥好，所以他就

不彈了。不如，**以後，讓弟弟先彈，給他最大的掌聲。再讓哥哥彈。**」她也同意。

你看，我做得好嗎？

很久以前，這樣的劇情也在我家上演。有親戚、朋友來，爸爸媽媽就要我們兩姐妹彈琴給大家聽。我也不會害羞，彈就彈，誰怕誰。只是換妹妹時，大家就找不到妹妹了。

她躲在廁所裡，任憑大家怎麼哄騙，她就是不肯出來。後來，大家也就作罷。

很多年以後，有一次，我問妹妹為什麼。她說：「你早我兩年出生，早我兩年學。我已經贏不過你了。我才不要在大家面前彈呢。所以，我就躲到廁所。」

我聽了好愧疚，好難過。可是我還小，我沒有想這麼多。其實，妹妹學得比我好、比我快，但因為有我和她比，她並不覺得自己彈得好。

很多弟弟妹妹開始問自己、問爸爸媽媽，既生瑜，何生亮？

其實我看了很多例子，就因為聽了很多年哥哥姐姐練琴，所以輪到弟弟妹妹學琴時，他們常常學得比哥哥姐姐快。

因為哥哥姐姐先學，所以他們贏在起步，不過有時候，也只贏在起步。有些哥哥姐姐們不是很積極地練習，等弟弟妹妹開始學，一、兩年後，就被趕過了。當這種情況發生，哥哥姐姐們都會覺得很不可思議。不是昨天這些弟弟妹妹還在地上爬，要我偷糖給他們吃，怎麼現在鋼琴彈得比我好？

我常告訴父母親們，弟弟妹妹們會學得這麼快，都要感謝哥哥姐姐的影響。

紐約的天空很希臘

現在在離蘇菲亞很遠的紐約市，在咖啡廳聽到這首歌，一陣電流傳到我的心。

原來，她給了我這麼一份禮物，我都不知道。

走在紐約的街頭，收音機說今天是入夏以來最熱的一天。我擦擦汗，走在第一大道上，想去咖啡廳買杯冰咖啡。轉角有一間小小的咖啡屋叫Java Girl，我推門而入。小小的店面，很可愛。沿著牆壁是一包包的咖啡豆，深呼吸是滿滿的濃郁的咖啡香。

我點了一杯冰拿鐵，店裡播放的是電台廣播，我選了一個角落坐了下來，周遭的客人都很享受這個店輕鬆的氣氛。然後電台播放了一首歌，先是鋼琴前奏，然後歌聲加入。

我如被點穴道一般，動彈不得。這不是蘇菲亞彈給我聽的曲子嗎？

上禮拜，我還沒有來到紐約，我接到蘇菲亞的電話。我們一放暑假，時間就錯開，不是我不在，就是他們家去度假，所以有一段時間沒有見到她了。

她說：「獅子老師，我好想你。這種pianoless（沒有鋼琴——蘇菲亞的用語）的日子我過不下了。我想上課。」

我說好啊！她接下去說：「不過，我爸媽這禮拜不在，我外公外婆來照顧我們。我沒有辦法去你家上課。你可以來嗎？」

通常我不去學生家上課，一來，我沒有時間；二來，學生上課的效率沒有在我家來得好。他們比較可以專心上課。但我想，她這麼想上，我便說OK。

蘇菲亞是希臘裔，標準的希臘美女，一頭及肩的長髮，偌大閃亮的黑眼珠，及一副迷死人的笑容。她和我學了一個學期而已，她是高中九年級的學生。

她很愛彈琴，自己愛東摸摸西摸摸，然後就一首曲子誕生了。自己再寫歌詞，曲曲動聽。不過也因為這樣，她讀譜的能力比較差一些。我鼓勵她繼續寫歌，但也鼓勵她練課本的曲子。

上次開演奏會，我覺得她練得不錯了，便鼓勵她彈演奏會。上課她都彈得很好，我告訴她一切都會很順利的，緊張難免，但一旦上台，她會彈得很好。

演奏會到了，她和妹妹安琪坐在第一排。妹妹先上台，彈得很好。

我感覺到有人在看我，我往那個視線看過去，是蘇菲亞。

她看著我，向我揮手。她的臉色很蒼白。她無聲地說：「I can't do it.」我讀她的唇，知道她的意思。她一說完，眼淚就掉了下來。

我向她點點頭，表示沒有問題。妹妹彈完，我介紹下個學生。

我說：「下一個是強尼，我們得跳過蘇菲亞。謝謝。」我知道強尼很穩，不會受到影響。

其實我相信蘇菲亞做得到的，只是現在她已經緊張得無法控制，我不希望她上

原來，
她給了我這麼
一份禮物，
我都不知道。

台後，無法彈奏。

蘇菲亞只是需要信心，她的信心不夠，是我沒有盡到我當老師的責任。

蘇菲亞有一副很好的歌喉，在高中還是音樂劇的主唱，所以她對上台很習以為常了。我想鋼琴演奏對她來說是滿新的領域，需要一段時間適應吧。

後來我們談到上台，她說，她只是覺得自卑，覺得自己不夠好。

我告訴蘇菲亞，她要相信我，我覺得她可以，她就可以的。

她低下頭說，其實還有別的問題。我問她願不願意告訴我。她說好。

她的甲狀腺有問題，上學期開始吃藥控制荷爾蒙後，原本苗條的她，一下就增加了十磅。而且藥讓她無法克制地愛睡，所以學校老師對她都很兇。

「老師，你看，我好胖。」她拉拉她的上衣說，「而且……」她有點不好意思地說：「我這麼胖，竟然沒有胸部，不像我媽媽的很大。」我聽了大笑。

我說：「你媽媽是女人，你還是個女孩，你還會長大的。而且你很美麗，你的笑容無人可比，可以融化外面的冰雪呢！」她聽了，微笑。

我說：「是啊，你看。多美的微笑！」

她抱住我說：「你真好，我愛你。」我也抱她說：「我也愛你！」

我循著蘇菲亞給我的指示開到她家。她家在市中心，那一區本來很繁榮，現在比較沒落了。她的家是一棟古老的維多利亞建築，很古色古香。

我停好車，走到她家的矮圍牆，推門而進。她已經在門口等我了。

「老師，你來了。謝謝你。」她引我入內。一進門，一台大鋼琴坐落在側房。一面落地窗，陽光透過彩繪玻璃五彩地照在地板上。她搬了一張椅子來給我坐。

「老師，這是學費。」她把信封遞給我，很驕傲的說：「這是我的零用錢，我自己付學費喔。」我謝謝她。

「我們開始吧。」我說。

蘇菲亞說她這幾個pianoless的日子，寫了不少歌，也聽收音機學了不少歌曲。

她說她要彈一首最新學的流行歌給我聽。就是現在這一首咖啡廳裡播放的曲子。

你說我們必須好好談一談
他試著要走，你說別走，只是想談一談
他禮貌性地微笑看著你
你禮貌地微笑看向你右邊的某個窗戶
在介於恐懼及自責的界限，
他朝左而你朝右
你開始懷疑你為何來此

我是哪裡做錯了？我失去了一個摯友
在近於苦處的傷痛
如果我當時知道如何拯救一個生命
我會整晚都不離開你

讓他知道你懂

因為你畢竟是懂的
試著卸下他的武裝
不允許他有任何無知的藉口
把你曾對他說錯的話
列成一張表攤在他面前
然後向上帝祈禱他會聽進去你的話

我是哪裡做錯了？我失去了一個摯友
在近於苦處的傷痛
如果我當時知道如何拯救一個生命
我會整晚都不離開你

蘇菲亞怯怯地開始彈了起來，當她開始唱歌，隨著音樂的起伏，她越來越投入。她閉上眼睛，忘情地唱起來。我被她純真的歌聲感動了。

現在在離蘇菲亞很遠的紐約市，在咖啡廳聽到這首歌，一陣電流傳到我的心。

原來，她給了我這麼一份禮物，我都不知道。

現在，在這個咖啡店裡，我終於知道這份禮物是多麼珍貴。

我喝著冰咖啡，微笑聽著歌。外面紐約的天空，有蘇菲亞的笑容。紐約的天空，是這麼的希臘。

我七十歲的繆思

我最有才氣的學生，並不是天才型的。事實上她很不天才，但她很努力。她進步最多，比天才多。我常跟她說，你是我最好的學生！

這幾天，我當起女主人，接待了一位德國來的鋼琴家。他的兒子在我先生的高中就讀，這個禮拜畢業典禮，鋼琴家來參加兒子的畢業典禮。我先生便邀請他「順便」在我們小鎮彈一場鋼琴演奏會，他欣然接受。

昨天他到演奏廳練習，完後，我們邀請他來家用餐。我先生準備了沙拉和義大利麵，還做了一個巧克力蛋糕。我則負責整理家裡，擺設餐具等等。八點整，鋼琴

家翩翩來到。

他已經七十多歲了，一頭白髮到脖子，簡單的襯衫和牛仔褲，及一雙皮製的休閒鞋。很歐洲的感覺！還有他即將要到哈佛讀書的兒子和女朋友。先生還邀請了高中的教務長，也是他的好朋友查德。

鋼琴家先謝謝先生這幾年對他兒子的照顧及教誨，先生是他兒子的輔導老師。我們倒了些白酒，舉杯歡迎他的光臨。

我問鋼琴家還在教琴嗎？他說他已經從大學的教職退休了，但在家裡還有收學生。我想這樣一位有名氣的鋼琴家，一定都收很高水準的學生，一定很輕鬆。

查德要他談談他最有才氣的鋼琴學生。他笑了。

他說：「我最有才氣的學生，並不是天才型的。事實上她很不天才，但她很努力。她進步最多，比天才多。我常跟她說，你是我最好的學生！」

他吃了一口義大利麵，讚嘆太完美了。向我說謝謝。我趕快說是先生煮的。

他接下去說：「天才型的給誰教，都一樣。他們都會成功的。但**比較沒有天賦的學生，通常啟發的空間更大，而且他們更認真。**」

他喝了一口白酒接下去說：「不管多忙，我都會收一、兩個初學者。**教初學的學生比較花精神，但對我的教學很有幫助。提醒自己扎根的重要。**」

我聽了都坐了起來！

以前當學生，每天接觸的老師，大都是大師級。聽他們講話、彈琴、聊天，都非常有意思，啓發很多靈感及動力。這樣奢侈的學生生涯，每天耳濡目染，好像在吃維他命一樣，每天一顆，覺得很正常、普通。

直到畢業了，自己開始教書，變成了啓發者。發現要從生活裡得到啓發及靈感，已經不再那麼簡單。

現在一位生活大師、鋼琴家剛剛從德國飛來我們小鎮，坐在我的飯廳，侃侃而談，我不禁正襟危坐。

他談到他的好朋友，喔，他們是英國一個很有名的樂團，不過現在已經解散了。你們應該有聽過，叫什麼頭來的。喔，披頭四！對，鋼琴家和他們是好朋友。

他說，他有一年開著一輛法國的金龜車去找他們，他們看到這輛車，啓發了他們的靈感，而把車漆成抽象畫。那就是金龜車六〇年代漆畫車的開始！

他還有另外一個好朋友叫Jimmy Hendrix（吉米・亨德立克，美國有名的搖滾吉他手）。他說Jimmy很愛吃冰淇淋。他的浴缸裡都是粉絲寫的信，滿滿的一浴缸。我們聽了目瞪口呆！

我問他禮拜天要彈的曲目，有莫札特的《鋼琴奏鳴曲》、有拉威爾的《鏡子組曲》、有貝多芬的《華德斯坦奏鳴曲》。我想要是我到了七十歲，還可以這樣開演奏會，我就要偷笑了。

他給我們他的鋼琴CD，我非常喜歡他的貝多芬《Op31，No.1、2、3》。這些曲子太多人彈，但是聽他的版本，覺得很德國、很精準，但又不失趣味。

我問他《華德斯坦》的最後樂章那左右手八度琶音他怎麼彈。他馬上站起來，走到鋼琴前坐下，彈給我看！

學鋼琴的人都知道，那一段八度琶音簡直是mission impossible！又要快、又要準。他說他把一、兩個音省略，然後用兩手彈音階。他就彈了起來！

並不是每天你都可以有一個鋼琴家訪客，彈《華德斯坦奏鳴曲》給你聽。他一彈起來，七十這個數字，我怎麼樣都無法想像這是他的年紀。

他兩手在鍵盤上快速移動，那輝煌的第三樂章響徹雲霄。他的白髮隨著他彈琴的律動搖晃，頓時我好像看到貝多芬在彈琴。

我們相「彈」甚歡。他兒子要求先生彈吉他。先生彈了《Steely Dan》和《the Who》，鋼琴家也聽得很高興。

我們向他們告別。我說很期待他禮拜天的演奏會。

他笑笑說：「我老了，不要期待太多。」送走他們，我和先生清理殘局，先生問我在唱什麼歌。我說《快樂頌》！

啊，朋友們，拋卻那悲苦的旋律，

讓我們來高唱快樂的歌吧！

後記一

一盞小燈

Bechild（Travel with Me版主）

我認識獅子老師的經過，已經記錄在一篇名為〈悄悄告訴她〉文章裡（註），簡而言之，就是當時我偶然在網路上看到她的作品，細看後大為驚嘆，原來在這web 2.0的人手一格時代，竟然還有作者這麼認真地在寫免費文章，然後我們從網友變成文友，文友再進一步地，變成了無話不談的好朋友。

所以我有機會認識現實生活的獅子老師，這才發現原來我們的成長背景大不相同。她的職業是鋼琴老師，而我的假日也在教會擔任主日學老師，我們都喜歡和小朋友相處，對於教學這部分都有一些自己的想法，所以在一次次的對話中，我們總會一起探討台灣教育制度的優點還有哪些是可以加強的地方。

所以不能否認的，我是當時台灣教育制度下的既得利益者。雖然在我的成長背景裡學校強調的是「五育並重」，可是我既看不懂五線譜，也對家政、工藝課興趣缺缺，不過因為我會填完國英數理物化生的一格格試卷，因此我的求學過程大抵說來還算平穩，因此我有幸進入醫學院，日後從事我有興趣的醫學工作。

但對獅子老師而言，她並沒有這個機會。她那時的學科成績並不是很好，所以老師的體罰和譏嘲曾讓年紀幼小的她以為是她應得的。她在鋼琴方面的表現不錯，可是在大人的世界裡，彈鋼琴的孩子們有什麼出路呢？她沒有選擇唸高中而進了五專的音樂科，而她的老師也對父母提出「這種學校你也讓她去唸？」的質疑。

還好她的父母不但可以承受壓力而且極有遠見，所以在五專畢業後，他們讓獅子老師到了美國求學。美國的教育制度當然有他們的缺點，但是不能否認地，他們並不吝於給表現良好的學生讚美，這種遲來的鼓勵讓一個孩子覺得或許她沒有像那些大人以為的那麼差，或許人生應該是多元的，哪怕她的數學成績不好。

其他的細節我想不用我多說，答案就在這本書裡。我猜讀者可以輕易地看出獅子老師是位關心學生的好老師，但是我不知道您看不看得出來她曾經是我們的教育制度下不被看好的那群學生；我知道每位家長都希望您的孩子能碰到這樣幽默溫暖的啓蒙者，但我希望您知道故事背後其實有段非常艱辛的成長過程。如果您欣賞台上一分鐘，請想想幕後準備的十年功，沒有一份成就應該是理所當然。

因此何不就從我們身上開始，拋開成績的迷思？如果當一位孩子說他不會寫學校的考卷，老師和父母可以幫助他找到他的專長，有一天有人說他的職業是醫生時，聽眾的反應就像是聽到一位碼頭搬運工人般地無動於衷。當我們真的尊重各行各業時，那「職業無貴賤」將不再是一句口號，核心價值並不用再三強調。

所以我相信讀者會喜歡您手上的這本小書，我知道您會和我一樣喜歡獅子老師溫暖動人的文筆，知道您會和我一樣享受她娓娓述說的故事。這本書裡沒有高言大智，有的只是平鋪直敘，沒有諄諄教誨，有的只是身體力行，而我非常希望它能夠在令人眼花撩亂的教育類叢書裡當一盞小燈，提醒我們教育就在生活裡，而只要有愛，請您不要放棄任何一位孩子，還有學生。

（註）悄悄告訴她：http://www.wretch.cc/blog/bibian&article_id=11604572

後記二

被火紋過的紙

王逸奇（藝術家，獅子老師妹妹）

嚴格說來，獅子老師是一個很熱情的人，她的熱情不是像台灣七月熱烘烘的太陽，而是比較像星星之火可以燎原的熱力。一靠近，你就會像一張被火紋過的紙，即使接觸的時刻只有幾秒，紙的邊緣已在還沒有準備好之前，因火的強度而蜷曲燃燒。

大多數初次認識獅子老師的人，都沒有預料到這一點。外表上說來，她有一雙大眼睛及鋼琴家特有的氣質，經常給人一種錯覺——這樣一個人應該如和風般地溫煦、朝陽般的柔和，但是當她突不期然仰頭大笑時，你不禁怔怔地，在美好幻想瓦解的同時，如釋重負地同時舒了一口氣，獅子老師畢竟不會讓人失望，任何一句關於她的形容詞都是真的。

你從來沒有聽過那樣洪亮毫不矯作的笑聲，你甚至會希望沒有人注意到，在她大笑的那一刻，你看呆了，你看見她眼角的燦爛，她散發出來的光芒，彷彿在那一刻，所有的規則都被重寫，這個世界上每一個人的包袱都在那一剎那被釋放了。當笑聲停止，你想著離上次你無法把一個人歸類，是多久以前的事情。你開始好奇地，想要知道怎麼能有人可以以一個仰頭的大笑，來挑戰你生命到目前為止認識的一切？

而對我們這些十五個跟她一起長大的堂弟妹們來説，獅子老師是「大孫」，她在很多方面有「大孫」才有的「勢力」，只差她不是男孩子而已。阿公阿媽叔叔嬸嬸最疼她，堂弟妹中大家一提到「大姐」，都有一份敬意。這份敬意，不是來自她當大孫的權威，而是一種自然欽佩的目光。

我們家的人都比較拘謹、內向，所以這麼多年來，每每大姊仰頭大笑時，我們還是不禁用傾慕的眼神注視著她。我們都長大了，也了解到要笑得那麼洪亮、不淑女，其實是不簡單的。我們也從小就知道，可以這樣的笑，是別人一輩子也無法模仿而來的。私底下我們祕密地希望，我們可以活得像她一樣坦誠和自由。

而接下來的日子，當你更認識獅子老師，你會發現謎題並沒有因此而破解。她對生命充滿了熱度，而那種熱度有時是那麼迫切而誠實地逼近我們，讓我們無法不誠實地去面對我們自己，但是這種熱度，也不是每一個人都可以承受的，因為不是每一個人都能夠接受這樣的挑戰。不過可以保證的是，不管如何，只要你在生命裡曾經跟獅子老師遇上了，即使只是和她擦身而過，你的生命都將會永遠地被改變了。就像一張被火紋過的紙。

國家圖書館預行編目資料

琴鍵上的教養課／獅子老師著. --初版. --
臺北市：寶瓶文化, 2008. 06
面； 公分. --(catcher；19)
ISBN 978-986-6745-33-1 (平裝)

1. 初等教育 2. 兒童教育 3. 通俗作品

523.3 97009695

catcher 019
琴鍵上的教養課

作者／獅子老師
副總編輯／張純玲

發行人／張寶琴
社長兼總編輯／朱亞君
資深編輯／丁慧瑋
編輯／周美珊・林婕伃
美術主編／林慧雯
校對／張純玲・陳佩伶・劉素芬
業務經理／李婉婷 企劃專員／林歆婕
財務主任／歐素琪 業務專員／林裕翔
出版者／寶瓶文化事業股份有限公司
地址／台北市110信義區基隆路一段180號8樓
電話／(02)27494988 傳真／(02)27495072
郵政劃撥／19446403 寶瓶文化事業股份有限公司
印刷廠／世和印製企業有限公司
總經銷／大和書報圖書股份有限公司 電話／(02)89902588
地址／新北市五股工業區五工五路2號 傳真／(02)22997900
E-mail／aquarius@udngroup.com

法律顧問／理律法律事務所陳長文律師、蔣大中律師
如有破損或裝訂錯誤，請寄回本公司更換
著作完成日期／二〇〇八年三月
初版一刷日期／二〇〇八年六月三日
初版十一刷+日期／二〇一八年三月二日
ISBN／978-986-6745-33-1
定價／二八〇元

AQUARIUS 寶瓶 文化事業

愛書人卡

感謝您熱心的為我們填寫，
對您的意見，我們會認真的加以參考，
希望寶瓶文化推出的每一本書，都能得到您的肯定與永遠的支持。

系列：Catcher019　**書名：琴鍵上的教養課**

1. 姓名：＿＿＿＿＿＿＿　性別：□男　□女
2. 生日：＿＿＿年＿＿＿月＿＿＿日
3. 教育程度：□大學以上　□大學　□專科　□高中、高職　□高中職以下
4. 職業：＿＿＿＿＿＿＿
5. 聯絡地址：＿＿＿＿＿＿＿＿＿＿＿＿＿＿＿
   聯絡電話：＿＿＿＿＿＿＿　手機：＿＿＿＿＿＿＿
6. E-mail信箱：＿＿＿＿＿＿＿＿＿＿＿＿
   □同意　□不同意　免費獲得寶瓶文化叢書訊息
7. 購買日期：＿＿＿年＿＿＿月＿＿＿日
8. 您得知本書的管道：□報紙／雜誌　□電視／電台　□親友介紹　□逛書店　□網路
   □傳單／海報　□廣告　□其他
9. 您在哪裡買到本書：□書店，店名＿＿＿＿＿　□劃撥　□現場活動　□贈書
   □網路購書，網站名稱：＿＿＿＿＿＿　□其他＿＿＿＿＿
10. 對本書的建議：(請填代號　1.滿意　2.尚可　3.再改進，請提供意見)
    內容：＿＿＿＿＿＿＿＿＿＿＿＿
    封面：＿＿＿＿＿＿＿＿＿＿＿＿
    編排：＿＿＿＿＿＿＿＿＿＿＿＿
    其他：＿＿＿＿＿＿＿＿＿＿＿＿
    綜合意見：＿＿＿＿＿＿＿＿＿＿＿＿＿＿＿＿＿＿＿
11. 希望我們未來出版哪一類的書籍：＿＿＿＿＿＿＿＿＿＿＿

讓文字與書寫的聲音大鳴大放

寶瓶文化事業股份有限公司

（請沿此虛線剪下）

廣　告　回　函
北區郵政管理局登記
證北台字 15345 號
免貼郵票

寶瓶文化事業股份有限公司　收

110 台北市信義區基隆路一段 180 號 8 樓
8F,180 KEELUNG RD.,SEC.1,
TAIPEI.(110)TAIWAN R.O.C.

（請沿虛線對折後寄回，謝謝）